定期テスト対策 ▶ 高校入試

JN040187

改訂版

中学公民

が面白いほどわかる本

教育・受験指導専門家
西村 創

＊この本には「赤色チェックシート」がついています。

　「公民の勉強をすると、100万円もらえるらしい」と聞いて、もしそれが本当の話なら、本気で勉強しますよね？　じつはこれ、わりと本当の話です。

　なぜなら、公民は日常をより豊かにするために必要な知識だからです。

　たとえば、日本には国や都道府県などの地方公共団体の社会保障制度がいろいろあります。条件にもよりますが、申請するだけで数万円から数十万円のお金がもらえる制度がいくつもあるのです。もちろん、その制度を知らなければ申請できません。実際、本来もらえるお金を、制度を知らないために受け取れないという人も少なくありません。

　「知っている」と「知らない」。この違いは日常に大きくかかわってきます。というより、公民は日常そのものだといえます。「日常」と「知識」という言葉をつなげると「常識」となります。

　「公民」は「常識」です。いっそのこと、「公民」という呼び方を「常識」に変更したほうがいいのではないか、と思っています(笑)。社会の常識である以上、身につけないと日常生活を送るうえで、損をしてしまうことが多くなります。

　でも、「そんなの大人になって社会に出てからの話でしょ」って思うかもしれませんね。では、キミが社会に出るまでの期間はあとどれくらいでしょうか。18歳になれば選挙権を与えられます。投票することによって、国の政治に参加することになります。それは、そんなに先のことではありません。社会常識は選挙権を与えられると同時に、自動的に身につくものではありません。今から知識をつけていくことで、より豊かな生活を送れる社会に変えていく力を手にすることができるのです。知識がないと、社会への関心が持てません。関心がないと、選挙権を与えられても投票に行かず、棄権することになります。そうすると、投票した人たちだけに有利な社会になりかねません。

　公民を勉強すると、国語の論説文も読解しやすくなります。世の中で起きている問題に関する知識がつくと、国語の論説文を読んだときに「筆者が言っていることは、よく言われていることだよな」というように、余裕を持って読み進められるようになります。

　また、グローバル化や情報化社会の問題、地球環境問題、エネルギー資源問題、紛争や貧困問題など、地球全体の問題は世界の国ぐにが知恵を出しあって行動しなければ解決できません。そのため、公民の内容をただ暗記するのではなく、「なぜ、そんな問題が起きているのか」という背景を理解してください。

これは、歴史の勉強と同じですね。

ただ、歴史の勉強と違う点があります。それは、「どうすれば解決に向かえるのか」という視点を持つことです。歴史は過去のできごとですが、公民で扱われている問題は、現在発生中の問題です。これらの問題は、キミが大人になる頃には、今以上に深刻な問題になっていると予想できるものばかりです。「自分ならどうやって解決するか」と自分自身に結びつけて勉強すると、頭に残りやすくなります。

このように考えながら勉強することで、いろいろな問題に対しての理解が深まり、公民のテストの点数はもちろん、論説文の読解力も上がります。作文・小論文の記述力も上がります。入試の面接でも、より深い受け答えができるようになります。

もうひとつ、公民を勉強する意味を伝えておきます。公民を勉強すると、キミ自身にメリットがあるだけでなく、なんと……世界平和にもつながるのです！ そんな大げさな……って思いましたね(笑)。では、この参考書の本編、最後の内容をちょっと見てみてください。世界平和について書かれていますね。公民では、日本の仕組み、世界の仕組みを学んでいきます。ただ、完璧な仕組みなど、存在しません。だから必ず問題が発生します。「仕組み」とそこから発生する「問題」を知り、その問題の「解決策」を考えるところに、公民を学ぶ意味があるのです。知ったうえで、考える。これが、世界平和に近づく第一歩です。

「でも、公民ってなんかムズカシイ言葉がたくさん出てくるから苦手なんだよな～」なんてまだ思っているキミ！ 安心してください。大丈夫です。この参考書はそんなキミのために作りました。

「一つひとつの言葉の意味を調べているうちに、全体の内容がわからなくなってしまった！」 ……そんなことがないように、難しい言葉には説明を加えています。「議決」「決議」「発議」……確かに公民には難しい言葉がたくさん出てきます。だから、本書では、授業のようにわかりやすく説明しています。

どうですか？ 今すぐ100万円をもらえなくても、公民を勉強する気になってきたのではないですか？ (笑) それでは、キミのためにも、世界平和のためにも、どうぞ本編にお進みください。

西村 創
（はじめ）

第 **5** 部　国際編

第 **15** 章　国際社会

第 **16** 章　国際問題

第 **17** 章　これからの地球社会

本文イラスト(顔アイコン)：けーしん

本文イラスト：酒井由香里

本文デザイン：田中真琴(タナカデザイン)

校正：エデュ・プラニング、鷗来堂

組版：ニッタプリントサービス

本書の使い方

この本は「中学公民」の内容を理解しやすくするために、先生のわかりやすい解説を聞いているように学ぶことができます。

まず、各章の冒頭で、ここではどんなことを勉強するのかを説明しています。そのあと、「この章のポイント！」で内容理解のためのキーワードを知り、「理解を深めるエッセンス」で、どんなことに着目すると理解しやすいのかを示しています。

↓

各テーマの解説を読んで、理解を深めましょう。解説は、先生の授業を聞いているようなわかりやすい文章で、難しい用語や仕組みも、すっきり理解できます。
重要用語は赤字になっているので、赤シートで隠して確認することもできます。テスト前などは、赤シートを使ってどのくらい理解しているかをチェックしてみましょう。

↓

「覚えておこう！」「知っていますか？」「整理しよう！」「少しくわしく」など、本文の解説のほかに、理解を助けるコーナーが満載です。
「覚えておこう！」や「知っていますか？」、「整理しよう！」では、各テーマ全体が理解できるような、要点をふまえた内容を掲載しています。
「少しくわしく」では、少し発展的な内容を掲載しています。日本や世界の世の中のしくみや政治、経済について、少しずつわかってきたところで「少しくわしく」の内容を読んでみると、興味がいっそう深まっていきます。

↓

 「丸暗記ではなく、理解しながら」の勉強で、公民の点数がぐんぐん UP !!

第1部

生活編

第1章
現代社会の特徴

第2章
生活と文化

第3章
現代社会での物事の
見方や考え方

現代社会の特徴

現代社会には大きな特徴が３つある。

ひとつめは「グローバル化」。人や物、情報が国境を越えて行き来することだ。２つめは「情報化」。インターネットが広まったことで、大量の情報を一瞬で送受信することが可能になった。これら「グローバル化」と「情報化」は深いつながりがあるよ。３つめは「少子高齢化」。高齢者の割合が増え、子どもの数が減っている。

「グローバル化」と「情報化」、そして「少子高齢化」。それぞれプラスの面もあれば、マイナスの面もある。現代社会の３つの特徴とその課題を知ることが、この章のポイントだ。

この章の ポイント！

「現代社会の特徴」のキーワード
❶ グローバル化　❷ 情報化　❸ 少子高齢化

理解を深めるエッセンス★★

「グローバル化」が「情報化」によって世界中で加速している。一方、「少子高齢化」は日本をはじめとする先進国やアジア諸国で起きている現象。それぞれの影響がどんな点にあるのかを理解しよう。

テーマ ① グローバル化

グローバル化とは

今、キミが着ている服や身の周りのものは、どこでつくられたものかな？その多くは外国でつくられて日本に運ばれてきたものだよね。航空機や大型コンテナ船が活用されるようになって、外国の品を速く、大量に運べるようになった。食べ物も運輸の発達で、安くて新鮮な外国産の肉や魚介類、

野菜、果実を輸入できるようになった。輸入というのは、海外の品を買い入れることだよ。

また、インターネットで海外の音楽をダウンロードしたり、海外製品を購入したりすることも簡単にできるようになっているよね。

現代の社会では**たくさんの人、物、お金、情報などが国境を越えて移動するようになっている**。その国でしか買えないもの、食べられないもの、得られない情報などがどんどん少なくなってきている。このように**世界の一体化が進むこと**を、グローバル化というよ。

たとえば中学生にも身近な例でいうと、コンビニエンスストアやファストフード店などでは、いろんな国からやってきた外国人スタッフが働いているのを目にするよね。日本で暮らす外国人が増え、**いろいろな文化を持った人びとがともに生活する**多文化社会が進んでいるのも、グローバル化の特徴だ。

国際競争と国際分業

外国の商品がどんどん日本に入ってくると、国内の商品を含めて、どこの国の商品がよいか、比べられるようになるよね。各国の企業はよりよい商品を、より安く提供できるように必死になっている。この競争を国際競争という。

同時に、競争しても勝てそうもない不得意な分野は得意な国に任せるという国際分業も進んでいるよ。

> 海外の商品が簡単に買えて、しかも商品を提供する国どうしが競争するから、私たちは商品を安く買えるようになりますし、いくつもの国々が協力してもっといい商品をつくるだろうし……グローバル化は、私たちにとっていいことづくめってわけですね！

いや、じつはそうとも言えないんだ。グローバル化にともなって問題も起きているんだよ。

国際分業が進むと、自分の国で生産された商品だけで生活するのが難し

くなって、外国に頼るようになる。日本の場合、特に食料品の輸入が増えている。**国内で消費される食料のうち、国内で生産されたものがどのくらいか**を示す、食料自給率という指標があるんだけど、これが下がっているんだ。

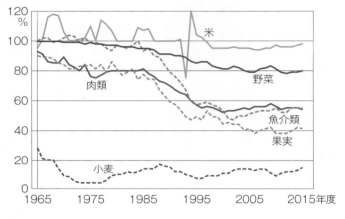

日本の品目別食料自給率の推移
（政府統計「平成30年度食料需給表」ほかより作成）

食料自給率が低くなると、何か問題があるんですか？
いろんな国の食べ物を食べられるなら
いいのではないかと思ってしまうんですけど……。

　輸入食品が増えることを「食の国際化」っていうんだけど、それ自体はいいことだよね。でも、食料を海外に頼りすぎると、輸出国の事情によって急に価格が上がったり、品物が入ってこなくなったりすることがある。
　そして、もっと問題なのは、外国の安い食料がたくさん入ってくると、国内の農作物の値段も下がって、農業をする人が少なくなってしまうことだ。畑も減っていくから、国内産の食料を食べたいと思っても、だんだん手に入りにくくなってしまうのは困るでしょ。
　日本は、国内の生産者を保護するために、特定の商品の輸入を制限していたんだ。でも、自由貿易に向かうグローバル化の流れに逆らうことができず、1991年には牛肉とオレンジの輸入自由化が実施された。そして国内の米不足をきっかけに、1993年には米の輸入に踏み切っているよ。

グローバル化による課題

　グローバル化によって多くの人やものが国境を越えて移動するようになると、新型ウイルスが短期間で世界的に流行する、ということも起きる。2020年に国内外で広がった新型コロナウイルス感染症がその一例だね。また、世界中の人びとがより便利で快適な生活を求めてきた結果として、地球温暖化問題も深刻になっているんだ。

「地球温暖化」って、ニュースでときどき出てくるけど、どうして問題なんですか？　私、寒いのニガテなので、暖かくなるのはむしろ歓迎なんですけど……。

　地球温暖化が進むと、海面が上昇する。南太平洋の島国では浸水が進んで、国によっては、国土全体が海に沈んでしまう危険が出てくる。

　異常気象も起きやすくなって、自然や農業がダメージを受けることが多くなるし、伝せん病が発生する地域も広がる。生活用水を氷河や雪に頼っている人びとは、生活するための水が得られなくなってしまう。

　グローバル化による問題はほかにもある。国際競争と国際分業が進んでいくと、豊かな国と貧しい国の格差が広がっていく。

　こうしたグローバル化による国際問題は、ひとつの国だけの努力では解決は不可能だ。各国が協力して取り組んでいかないと解決できない課題だよね。日本も国際協力といって各国と協力しながら、課題の解決に取り組んでいるよ。

　また、多文化社会になり、異なる文化のもとで生まれ育った人たちがともに生活をすると、衝突が起きやすくなる。文化が違うと、価値観や常識も異なるからね。そんなときに、どの文化がすぐれているかを争っても、何も解決しない。それぞれの文化を尊重して、ともに協力し合って暮らしていくことが求められているよ。

② 情報化

情報化とは

　現代では、インターネットにつながれば、スマートフォンでいつでもどこでも商品を注文できるし、航空券や世界中のホテルの予約だって簡単にできる。世界中の人たちとコミュニケーションをとることも簡単にできるよね。

　わからないことはインターネットで検索すればいいし、商品や店の評判はSNS（ソーシャル・ネットワーキング・サービス）をチェックすればわかる。クレジットカードや電子マネーを使えば、現金がなくても買い物ができる。店側も、コンピューターのシステムを使って、どの商品がどんな年齢層にどれだけ売れているのかを把握して、商品を効率的に管理している。

　コンピューターやインターネットというICT（情報通信技術）の発達によって、**情報をやりとりすることが簡単になり、人びとの生活や社会において情報が果たす役割が大きくなっていること。**これを情報化というよ。**情報化は、グローバル化が進む要因にもなっている**ということを理解しておこう。

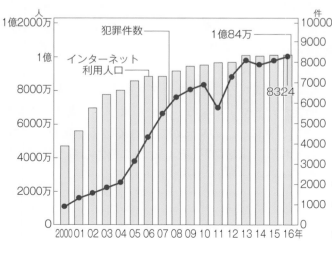

インターネット利用人口とインターネットに関わる犯罪件数の推移（総務省ほか）

情報化社会の課題

情報化が進んだ社会で生活していくために、注意したい点が2つある。

ひとつは、**情報を正しく活用する知識や技術**（情報リテラシー）を身につけることだ。インターネット上には大量の情報があふれている。その中から、必要な情報を見つけたり、ウソの情報にだまされたりしないようにするのは、意外と難しい。情報を正しく取捨選択するにはそれなりの知識が必要だ。

もうひとつの注意点は、**情報を正しく利用していく態度**（情報モラル）を身につけることだ。自分や他人の個人情報をもらしたり、ウソの情報や他人の悪口をインターネット上に流したりすると、あっという間に広がって、取り返しのつかない事態になってしまうことがある。犯罪行為になることもある。個人情報や間違った情報を流出させないように、情報を慎重に管理することも大切だ。

情報化が進んで便利な世の中になったけれど、そのぶん、注意しなくてはいけないことも出てきたわけだね。

テーマ ③ 少子高齢化

少子高齢化とは

　ひとりの女性が一生の間に出産する子どもの平均数を合計特殊出生率というんだけど、**日本ではこの数値が下がっている**のを知っているかな？　一方で、平均寿命が延びて、人口全体における高齢者の割合が増えているんだ。

　このように、**合計特殊出生率が低下して、高齢者の割合が増加すること**を、少子高齢化というよ。

> **少し　くわしく　高齢者の割合**
>
> 　総人口にしめる65歳以上の人の割合（高齢化率）が7％を超えた社会を「高齢化社会」、14％を超えた社会を「高齢社会」、21％を超えた社会を「超高齢社会」といいます。日本は1994年に高齢社会、2007年に超高齢社会になっています。

　日本では、2005年以降、亡くなる人の数よりも、生まれてくる赤ちゃんの人数が少なくなっている。これがどういうことかわかるかな？　そう、人口が減っていくということだね。総務省によると、2060年には、日本の人口の約4割が65歳以上の高齢者になるという予想もされているよ。日本は平均寿命が世界一、同時に**人口全体における高齢者の割合も世界一**なんだ（2018年総務省統計局発表）。

　少子高齢化が進む一方で、家族のかたちも変化している。日本では、戦後から三世代世帯といって、祖父母、親、子どもの三世代が一緒に暮らすかたちから、**親子、または夫婦だけで暮らす**核家族世帯が多くなっている。さらに最近では、ひとり暮らしの単独世帯の割合も大きくなっているよ。

少子高齢化の課題

少子高齢化が進むと、高齢者の生活を支える公的年金や社会保障にかか

るお金が増える。「公的年金」とは、国がおこなっている年金のことだ。年金といってもいろいろあるんだけど、たとえば、国民年金の場合、20歳から60歳までの40年間保険料を支払うと、65歳以降は死亡するまで2か月ごとにお金を受け取ることができる。

「社会保障」は、病気やけがをしたり、勤めている会社が倒産して収入がなくなってしまって生活が困難になったりしたときに、国が必要なお金を負担してくれる制度のことだ。

日本にはそんな安心な制度があるんだけど、高齢者が増える一方で、働いてお金を稼ぐ現役世代が減っているから、国民一人あたりの負担が重くなっているんだ。そんな現役世代への対策、増えていく高齢者への社会保障の充実化、これをどう両立させていくかが大きな課題となっている。そのようななか、2003年に少子化社会対策基本法、2009年に介護休業法の改正、2015年には子ども・子育て支援新制度の制定がされて、雇用環境を整えたり、保育園を増やしたりしているよ。

高齢化の推移と将来推計（内閣府「平成30年版高齢社会白書」より作成）

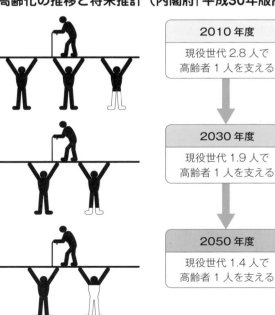

2010年度
現役世代2.8人で
高齢者1人を支える

2030年度
現役世代1.9人で
高齢者1人を支える

2050年度
現役世代1.4人で
高齢者1人を支える

高齢者1人を何人の現役世代(15〜64歳)が支えるか、今後の見通しを示している

テーマ 4 「持続可能な社会」に向けて

「持続可能な社会」とは

　現代の社会は、グローバル化、情報化、少子高齢化などの影響を受けて、大きく変化している。そんな中で、環境・エネルギー、人権・平和、伝統文化・宗教、防災・安全などにかかわるいろいろな問題が生じている。

　これらの課題を解決するためのキーワードが「持続可能な社会」だ。この、持続可能な社会とは、**現在の世代の幸福と将来の世代の幸福とが両立できる社会**を意味するよ。目先の便利さだけでなく、50年後、100年後の将来の世代のことを考え、僕らの生活のあり方を見直していくということだ。

《持続可能な社会を実現するために解決すべき主な課題》

●環境・エネルギー
　地球環境問題、公害、環境保全、資源・エネルギー問題 など
●人権・平和
　差別・人権侵害、社会的弱者の支援、戦争・紛争、貧困・飢餓 など
●伝統文化・宗教
　伝統文化の継承と保存、異文化理解、多文化共生、宗教・民族間対立 など
●防災・安全
　災害に強い街づくり、東日本大震災からの復興、交通安全、防犯対策 など

　2011(平成23)年に発生した東日本大震災は、防災やエネルギーなど、持続可能な社会の実現に向けて解決すべき日本社会の課題が明らかになった災害だ。このときの地震の最大震度は 7 に達して、地震によって発生した津波が東北地方を中心とする太平洋沿岸をおそって、約1万9000人の死者と行方不明者が出た。また、福島第一原子力発電所で事故が起こり、大量の放射性物質が放出された。今でも周辺の住民が避難生活を強いられたり、地元の産業が根拠のないうわさによる被害を受けている。建造物や交通への被害も大きくて、復興には時間がかかっているのが現状だ。

ただ、この震災をきっかけに日本は変わろうとしている。たとえば、防災への取り組みが国や地域、職場、家庭などでおこなわれるようになってきているし、エネルギーについても太陽光などの再生可能エネルギーの導入が進んでいるよ。また、復興支援に協力しようとするボランティアもあらわれた。

　このように、「持続可能な社会」を実現するには、政治家だけに任せるのではなく、**僕ら一人ひとりが積極的に社会に参加すること**が必要だ。これを社会参画というよ。

覚えて
おこう！

「グローバル化」「情報化」「少子高齢化」はこのあとの学習内容にも深くかかわってくるよ。さらに「**持続可能な社会**」と「**社会参画**」は公民の学習全体にかかわる重要なキーワードだからよく理解しておいてね。

生活と文化

　「文化」と聞いて何を連想するだろうか。学校の「文化祭」や「文化部」かな。それとも、日本の歴史に登場する「飛鳥文化」とか「国風文化」などを思い出す人もいるかもしれないね。

　「文化」という言葉にはいろいろな意味があって、ひと言で説明するのは難しい。でも、ひとつ言えるのは、文化は僕らの生活と強く結びついているということだ。いや、むしろ文化は生活そのものだ。だから、自分たちの文化は、ふだん当たり前すぎてなかなか意識しない。この章では、文化が僕らの生活とどうかかわっているか、また、文化の役割と課題について、理解を深めていこう。

この章の ポイント！

「生活と文化」のキーワード
❶ 科学・宗教・芸術　❷ 伝統文化　❸ 多文化共生

理解を深めるエッセンス★★

「文化」とは何か。また、日本の「伝統文化」と世界の「外国文化」が共存するための課題はどんな点にあるのだろうか。

テーマ ❺ 生活と文化の役割

生活と文化

　「**文化**」とは、それぞれの地域でおこなわれてきた生活や行動、考え方、それによってつくられてきたもののことだ。

　たとえば、玄関で靴を脱いだりすることや、自宅で自分専用の箸を使って食べたりすることは当たり前のことだよね。でも、これは世界的に見れ

ば、独特な習慣なんだ。このような生活習慣や「日本語を話す」「あいさつではお辞儀をする」といった行動も、日本独特の「文化」といえるよ。

科学・宗教・芸術

文化の代表的な3つの領域に科学、宗教、芸術がある。

❶ 科　学

科学は、**人びとの生活を向上させる**のに役立ってきた。

たとえば、食料生産技術を発展させて、食べ物を安定してつくることができるようにしたり、長期間腐らずに貯蔵できるようにしたりして、多くの人を飢えから救っている。

航空技術の発達は、短時間で長距離の移動を可能にしているし、医療技術の発達は病気やけがを治し、命を救っているよね。

❷ 宗　教

神や仏などの人間を超えた存在を信じることなどにより、宗教は**心に安らぎを与えている**。ふだん宗教になじみがない人でも、正月には神社に初詣に行く人は多いよね。実は、日本にある寺院の数って、コンビニエンスストアの店舗数よりもずっと多いって知ってた？　歴史の教科書を開いてみても、宗教がいかに人類に大きくかかわってきたかがすぐ思い出せるはずだ。

❸ 芸　術

美術館に行って絵画鑑賞をしたり、音楽のコンサートに行ったりするなど、芸術は**心を豊かにさせてくれるもの**だ。小説を読んだり、映画を観たりするのも、芸術に触れることだといえるよ。

文化の役割と課題

文化にはプラス面があると同時に、マイナス面もある。

たとえば、科学技術によって生まれた原子力は、生活するためのエネルギーに使われると同時に、原子力発電所のように、ひとたび事故が起これば大きな危険をもたらすこともある。

同じく、戦争で使われるようになったダイナマイトは、もともとは土木

作業のための道具として開発されたものだった。

　また、心に安らぎを与えてくれるはずの宗教も、異なる宗教や宗派を信じる人たちの間で対立や紛争が起こり、多くの死者が出ている。文化にはこのようなマイナス面もあるということを理解して、どのように暮らしと平和に役立てていくかという課題に、取り組んでいく必要がある。

少し くわしく **ダイナマイトとノーベル賞**

　ダイナマイトを発明したスウェーデンのアルフレッド・ノーベル（1833～96年）は、ダイナマイトが戦争に使われたことに驚きました。そこで、ダイナマイトによって得た財産をもとに基金をつくり、科学や文学、平和に力をつくした人に賞を贈るように遺言を残しました。こうして、1901年からノーベル賞が与えられるようになりました。ノーベル賞には平和賞、物理学賞、化学賞、生理学・医学賞、文学賞、経済学賞の6部門があります。

テーマ 6 伝統文化

伝統文化とは

「日本では、大陸文化の影響を受けながら、日本独自の文化が育ってきた」ということを、歴史ですでに学んでいるよね。

　たとえば、漢字は中国から朝鮮半島を経由して日本に伝えられたものだけど、その漢字をもとにして、平安時代に平仮名や片仮名がつくられた。このように、長い歴史の中で生まれて、人びとに受けつがれてきた文化を**伝統文化**というよ。

> 伝統文化って、歴史の教科書に出てきた能や歌舞伎、茶道なんかのことですよね？

そのとおりだよ。さらに、能や歌舞伎のように一部の専門家によって受けつがれてきた芸能だけでなく、庶民の生活の中で受けつがれてきた衣食住、年中行事、冠婚葬祭などの伝統文化もあるよ。

　たとえば、正月に雑煮を食べたり、春に花見を楽しんだり、入試が近づくと神社に合格祈願の絵馬を奉納したりする。節分や七五三など、毎年特定の時季におこなわれる年中行事も伝統文化だね。

[歌舞伎]

[茶道]

[能]

日本文化の地域的多様性

　日本には国の独特の文化があるように、日本の中の各地域にもそれぞれの文化がある。たとえば、正月に食べる雑煮も、中に入れるもちが四角か丸か、焼くか焼かないか、すまし汁かみそ仕立てかなど、地域によって違いがあるんだよ。

　また、日本には**アイヌ文化**と**琉球文化**という文化があるよね。

　アイヌ文化は、北海道や樺太(サハリン)、千島列島を中心に暮らしてきた先住民族アイヌによって受けつがれてきた文化だ。

琉球文化は、かつて琉球王国だった沖縄や奄美群島の人びとによって受けつがれてきた文化のことだったね。

　このように、各地域に多様な文化が存在することで、日本の文化は豊かなものになっているよ。

[アイヌの古式舞踊]

[沖縄の伝統芸能「エイサー」]

　ところで、伝統文化にも課題がある。それは、少子高齢化や人口が急激に減るという過疎化によって、日本各地に昔から受けつがれてきた祭りや芸能などの伝統文化を引きつぐ若者が少なくなり、伝統文化がなくなりそうなことだ。

　こうした事態に対して、国や都道府県、市（区）町村は、文化財保護法にもとづいて、文化の保存に努めているよ。

少し くわしく
📖 文化財の種類

　文化財保護法とは、文化財の保存と活用について定めた法律です。法隆寺金堂壁画の焼損をきっかけにして、1950年に制定されました。有形文化財（建造物・絵画・工芸品など）、無形文化財（演劇、音楽、工芸技術など）、民俗文化財（衣食住、信仰、年中行事など）、記念物（古墳、貝塚、城跡など）、文化的景観（里山や棚田など）、伝統的建造物群、の6種類が規定されています。

テーマ⑦ 多文化共生

日本文化と外国文化

　日本の文化の中には、世界で広く受け入れられているものが数多くあるのを知っているかな。すしや天ぷらなどの日本食文化は世界中で人気があるし、柔道や空手といったスポーツや、日本の漫画やアニメも海外に広がっている。

　「もったいない」という日本人の価値観を表す言葉は、ケニア出身の環境保護活動家でノーベル平和賞を受賞したワンガリ・マータイさんによって世界に発信された。**ごみを「減らし（リデュース）」、まだ使えるものを「再び使用し（リユース）」、ごみを「再生利用する（リサイクル）」という3Rの考え方をすべて含んだ言葉**として、世界中に広がっているよ。

　逆に、いろいろな文化が世界から日本に入ってきて、日本の文化に影響を与えている。もちろん、それは古代からずっと続いてきたことだ。ただ、昔は使節団のメンバーや留学生、渡来人など限られた人が文化を運んできたけれど、グローバル化と情報化が進んだ現在では、多くの一般の人たちが音楽やファッションなどの文化を日本に持ちこむようになってきている。

多文化共生と異文化理解

　多様な文化がまじわると、差別や偏見が生まれることがある。それが大規模になると、武力を用いた争いに発展することもある。僕らは**国籍や民族、宗教などの異なる人たちの文化をおたがいに認め合いながら生活をする**必要があるんだ。このことを多文化共生というよ。

　そして、この多文化共生を実現していくためには、異文化理解が必要だ。異文化を理解することは、自分たちの文化に対する理解を深めることにもつながるんだよ。

　文化に優劣をつけず、いろいろな文化や考え方を持つ人たちが協力し合うことで、より良い社会を築いていくことができる。

第 **3** 章

現代社会での物事の見方や考え方

　この章では、物事の見方や考え方について学ぶ。「見方や考え方なんて、個人の勝手でしょ」って思うかもしれない。たしかに、自由に考え、自分なりの見方をするのは、現代社会においては国に保障された権利だ。でも、社会にはいろいろな考えを持つ人がいるから、すべての人が自分の思うままに行動すると対立が起こり、いつまでも解決できなくなることもある。それでは結局、みんなが不幸になってしまうかもしれない。だから、対立は起こるという前提で、そのときにどう話し合って合意（ごうい）するか、効率的で公平な決まりをどのようにつくるかが大切。そのための考え方を理解して、活用する方法を知ってほしい。

この章の ポイント！

「現代社会での物事の見方や考え方」のキーワード
❶ 社会集団・社会的存在　❷ 「対立」と「合意」
❸ 効率・公正・決まり（ルール）

理解を深めるエッセンス★★

人間は「社会集団」の一員であり、「社会的存在」である。社会集団では「対立」が生まれるため、「合意」を得るために「効率」的で「公正」な決まりをつくる必要がある。

テーマ ❽ 社会集団での生活

▶ 社会集団とは

　多くの人は生まれたときから家族の一員として生活する。家族は、最初に出会ういちばん身近な社会集団といえる。家族の中で生活することで、安らぎを得たり、社会で生きていくための基本的ルールを身につけたりす

るわけだ。

　また、地域社会も生まれたときから所属する身近な社会集団だ。最近では育児や介護、防災・安全、伝統文化の継承などにおいて、地域社会の大切さが見直されているよ。

　さらに社会集団には、目的を持って自分から参加するものもある。たとえば、学校や部活動、会社などがそうだ。人間はこのような**いくつもの社会集団に所属して、その一員として協力することで生きていくことができる**。だから、人間は社会的存在であるといわれているんだ。「公民」を勉強するのはテストのためだけでなく、社会集団の中の社会的存在として、より良く生きるための知恵を身につけるためでもあるんだよ。

対立と合意

　人間は社会的存在で、社会集団に所属しないで生きていくことは難しい。だって、たったひとりで無人島で生活するわけではないからね。社会集団に所属することで、人間としての生活が可能になるわけだ。

　でも、社会集団を構成する一人ひとりはみな個性があって、考え方や求めるものが違うから、対立が生まれることもある。

　たとえば、家族の中でも休日の過ごし方や、生活をするうえで意見が分かれることがあるよね。学校でもクラスの中で対立が生まれたり、部活のメンバーどうしで意見が分かれたりすることもよくあると思う。

　社会では、ごみ処理施設をどこに設置するかで地域間で対立したり、会社間では商品の取り引きをめぐる利害の対立が生じたりする。議会では、実現したいことが一致せず、意見の対立が起こるときがある。

　このように、社会集団では考え方の違いによる対立はよく起きるものだ。そんなとき、自分の意見を主張するだけでなく、相手の話をよく聞いて、たがいに受け入れることのできる解決策を求めて話し合い、合意をめざす努力が必要だ。対立をそのままにしておいては、僕らの社会生活はうまく成り立たないからね。

第**1**部 生活編

第**2**部 憲法編

第**3**部 政治編

第**4**部 経済編

第**5**部 国際編

9 効率と公正

効率とは

　社会集団の中で対立が生まれたときは、みんなの合意を得られる解決策が必要だ。その**解決策をみんなが納得できるかどうかを判断する代表的な考え方**として、効率と公正が挙げられる。

　「効率」とは、一般的には、できるだけ少ない時間でたくさんのことをおこなうなど、「効果的に物事をおこなう」という意味で使われるよね。でも、ここでは「無駄を省く」という意味で使われる。

　たとえば、10個のアメを友達3人で分ける場合、平等に3個ずつ分ければ1個余る。そこで、余った1個を3人のうちのだれがもらうかを話し合って決めれば、無駄がなくなる。そんなふうに、**限られたものやお金、土地などの資源を無駄なく使うことで、だれの満足も減らすことなく全体の満足を増やすことが「効率」的だと考えられる。**

公正とは

　公正とは、**一人ひとりが置かれている状況に目を向け、特定の人が不利なあつかいを受けることがないようにすること**だ。もう少し、細かく言うと、公正には**手続きの公正さ、機会や結果の公正さ**がある。

　さっきのアメを3人で分ける例でいうと、分け方を決める話し合いに3人全員がそれぞれ対等な立場で参加することができなければ、そこで決められた分け方にみんなが納得することはできないよね。このようにみんなが参加して決定することを「手続きの公正さ」というよ。

　また、だれかがアメを手にする機会を制限されたり、結果として手にするアメの数を少なくされたりすると、やっぱり納得できない人が出てくる。こうしたことがないようにすることを、「機会や結果の公正さ」というよ。

10個のアメを効率的に配るには

余った
ままでは
無駄になる

だれかに分ける

Aさん

Bさん

Cさん

アメを効率的に配分するには、上の図のようにすると、
アメ（資源）をすべて無駄なく分けることができる

覚えて
おこう！

「効率」とは資源の配分に無駄がないこと。「公正」と
は配分を決める手続きや、配分を受ける機会や結果に
ついて、特定の人が不利なあつかいを受けないこと
だ。みんなの合意を得るために必要な考え方といえる
ね。

テーマ ⑩ 決まりの決め方

決まりをつくる目的と方法

社会集団の中で生きていくには、対立を調整してトラブルの解決策を考えるだけでは不十分だ。今後も同じような対立が起こるのを防ぐために、前もって集団の中や集団どうしで**決まり（ルール）**をつくっておくことが必要だ。

身の周りでも、家族や友達との間での約束ごと、学校の規則、生徒会や部活でのルール、会社や個人の間で結ばれる契約、もっと大きなところでは国の法律や国家間で結ばれる条約など、いろいろな決まりがつくられている。これらは対立を調整し、トラブルを解決したり、未然に防いだりすることに役立っている。

さて、決まりをつくるときには、だれがどのような**権利**を持ち、どのような**義務**や**責任**が生まれるかを明らかにすることが大切だ。また、その決まりをだれがどのような方法で決めるかも大切だ。

関係する人が少数なら、もちろんその関係者が全員話し合いに参加するのが理想だ。でも、大人数では全員が参加するのは難しいし、決定までに時間がかかってしまう。そんなときは、代表者が話し合って決めるという方法もあるよ。

また、決まりの決め方には、**全会一致**や**多数決**などの方法がある。

全会一致とは、全員の意見が一致したときに決定することで満場一致ともいう。ひとりでも反対する人がいると成立しないことを決めるときに利用する方法だ。

多数決は、限られた時間の中で結論を出さなければならないときに、より多くの人が賛成する案を採用する方法だ。多数決は学校のクラス内でもよく採用される決め方だよね。多数決で決定する場合は、結論を出す前に少数の意見を十分に聞いて尊重することも大切だ。これを**少数意見の尊重**というよ。

物事の決定・採決のしかた

決定のしかた	長　所	短　所
全員で話し合って決定	全員の意見が反映される	決定に時間がかかりやすい
複数の代表者で話し合って決定	全員の意見がある程度反映される 全員で決めるよりは決定に時間がかからない	ひとりで決めるよりも決定に時間がかかる 全員の意見がうまく反映されないことがある
ひとりで決定	決定に時間がかからない	全員の意見が反映されない

採決のしかた	長　所	短　所
全会一致	全員が納得する	決定に時間がかかりやすい
多数決	決定に時間がかからない	少数意見が反映されにくい

決まりの評価と見直し

　決定した決まりは、状況の変化によっては見直して変えていくことも必要だ。変更することによりトラブルが解決したり、より物事をうまく進めたりできることもあるしね。

> バレーボールや柔道など、スポーツのルールも
> 変更されていますよね。

　そうだね。バレーボールだと、判定を正確にするために録画映像による判定を取り入れたり、テレビ中継の時間枠を考えて、試合時間を短縮するようなルール変更がされたりしているね。柔道の場合、ルール変更の内容についての反対意見も多いようだよ。みんなが納得するような決まりに変更するには注意が必要ということだ。

　そこで、決まりが適切かどうかを評価するには、次の5つの視点で考えると効果的だよ。

決まりに対する評価項目

評価項目	内　容
❶ 目的と手段の確認	目的を実現するための適切な手段になっているか
❷ 内容の明確さの確認	だれにとっても同じ内容を意味するものになっているか
❸ 手続きの公正さの確認	決まりをつくる過程にみんなが参加しているか
❹ 機会や結果の公正さの確認	立場を変えても受け入れられるものになっているか
❺ 効率の確認	みんなのお金や物、土地、労力などが無駄なく使われているか

　いろいろな社会集団の中で、いろいろな人たちと生活していると、ときに対立が生まれることがある。そんなときには、それぞれの考え方や価値観の違いを認め、解決のための合意をめざす必要がある。そしてその合意を見直しながら、ともに生きていく共生社会をつくっていく。そのために、「**対立から合意へ**」という考えと、決まりをつくるうえでの「**効率と公正**」という考えを理解していくことが大切だよ。

第2部

憲法編

人権と日本国憲法

　日本ですべての人が人間らしく生きることができるようになったのは、歴史的に見れば、実は最近のことだということは歴史で勉強しているね。日本国憲法によって、天皇から国民に主権が移り、国のあり方が大きく変わった。

　人権が保障され、平和な国になり、それが続くような仕組みも同時につくられた。そのひとつが、権力がひとつのところに集まらないように分散させる仕組み「三権分立」だ。「三権」とは何か、また、大日本帝国憲法とは違う、日本国憲法の基本原理とはどのようなものなのかを理解しよう。

この章の ポイント！

「人権と日本国憲法」のキーワード
❶ 立法権・行政権・司法権
❷ 国民主権・平和主義・基本的人権の尊重

理解を深めるエッセンス★★

日本国憲法は立法権、行政権、司法権をそれぞれの機関に分けた三権分立を採用し、国民主権、平和主義、基本的人権の尊重という３つの基本原理から成り立っている。

テーマ ⑪ 人権の歴史

人権思想の成立

　人権とは、**人が生まれながらにして持っている、人間としての権利**のことだ。

　人間はだれもが、かけがえのない個人として尊重され、平等にあつかわ

れ、人に迷惑をかけない範囲で自由に生きることができる。それを権利として保障したのが人権（基本的人権）だ。

「人権」って、人として自由に生きる権利ってことですよね？　うーん、なんだか当たり前すぎる権利ですね……。

たしかに、今では当たり前のことだよね。でも昔は、人権は当たり前に保障されているものではなかったんだ。人権が保障されるまでには、人びとの長年にわたる努力があったんだよ。

人権という思想はイギリスで生まれて、13世紀以来、人びとは人権を勝ち取るための戦いをしてきた。その背景には、国王の絶対的な権限によって、正当な裁判や国の法律がないなかで、逮捕や監禁されたり、土地を奪われたり、国外へ追放されたりする人が相次いでいたということがあったんだ。

17世紀から18世紀には、人権の思想が、国王の支配する政治や世の中の仕組みをつくりかえようとする近代革命の大きな力となった。そのため、近代革命のときに出されたアメリカ独立宣言やフランス人権宣言などでは、**「すべての人間は生まれながらにして人権を持つ」**と宣言されたんだよ。

人権思想の発展と広がり

人権という思想の中には、さらに具体的な権利が含まれている。

近代の人権宣言で、まず保障されたのは自由権だ。自由権とは、**表現の自由や宗教を信じる自由を保障する権利**だよ。日本でもキリスト教が禁止されたり、幕府の批判をした人が処刑されたりすることがあったよね。かつては表現や信教も厳しく制限されていた時代があったわけだ。

19世紀になると自由に経済活動をする人が増えて、経済が発展していく。同時に貧富の差が広がって、労働者は低賃金での長時間労働をさせられるようになる。今でいう「ブラック企業」の、場合によってはもっとひどいものだ。そうなると、自由権があるだけでは人間らしい生活ができなくなってくる。貧しい人はどんなにがんばっても、貧しいまま……という

のでは、自由権があっても自由にはなれないよね。

　そこで、普通選挙運動や労働運動がさかんになって、各国で男性の普通選挙権が認められるようになり、女性にも広がっていく。

　20世紀になると、**人びとの人間らしい豊かな生活を保障**しようとする社会権が認められるようになるんだ。

知っていますか？

　1919（大正8）年のドイツのワイマール憲法は、「人間に値する生存」の保障などの社会権を取り入れた最初の憲法として有名だよ。

　第二次世界大戦後、人権は各国の憲法で保障されるようになる。さらに、国際連合の世界人権宣言などによって国際的に保障されるようになり、世界共通の理念となっているよ。

日本での人権思想の出発

　日本では、明治時代にヨーロッパやアメリカから人権の思想が伝えられた。でも、1889(明治22)年に発布された大日本帝国憲法では、国民は主権者である天皇から与えられる「臣民ノ権利」を持つと定められ、その権利は**法律によって制限されるもの**だったというのは歴史で学んだね。

　そして政府を批判する政治活動は、たびたび政府によって押さえつけられてきた。人権はだれもが生まれながらに持っていて、**法律によって制限されない**という真の人権思想の確立は、日本国憲法の制定まで待つことになる。

テーマ ⑫ 日本国憲法

憲法と立憲主義

　法には、憲法、法律、命令、規則などがある。それら法の**頂点に位置する法**が憲法だ。

　憲法は、「こんな国にしよう」「こんな生活ができるよ」「物事はこうやって決めよう」というような、国のあり方を決めている、いちばん大切な法律なんだ。このことを国の**最高法規**といって、**憲法に反する法律や命令は認められない**ことになっているよ。

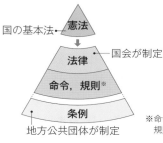

国の基本法……**憲法**
国会が制定…**法律**
命令，規則※
条例
地方公共団体が制定

● [法の構成]
上位の法になるほど強い効力を持ち、下位の法が上位の法に反する場合は無効になる。憲法は最高位に位置している。

※命令…内閣や省庁が制定する政令や省令など
　規則…国会以外の国の機関（最高裁判所など）が制定

　ところで、そもそもなんで憲法が生まれたか知っているかな。

　それは、国の政治権力は強力で、昔から国民の自由を縛ってきた歴史的な背景があるからだ。

　強力な政治権力から人権を守り、保障していくために、**憲法によって政治権力を制限する**という考えが生まれたわけだ。これを**立憲主義**というよ。

　立憲主義の考えは、政治が絶対君主や独裁者のような、人の支配によってではなく、**法の支配**にもとづいておこなわれることを求めているんだ。

　憲法は、国民が国の権力者に勝手なことをさせないように、権力を抑えるものなんだね。

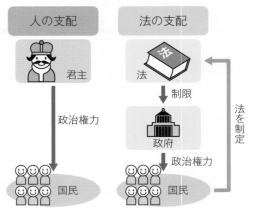

人の支配と法の支配

人の支配　　　　法の支配

君主　　　　法

制限

政府

政治権力　　　政治権力

国民　　　　国民

法を制定

政治の仕組み

　憲法は、「人権の保障を具体的に定めた部分」と「人権の保障を実現するために国の政治の仕組みを定めた部分」の２つに分けられる。

　このうち、国の政治の仕組みについて、多くの国の憲法では三権分立という考え方を採用している。「三権分立」とは、**国の権力を立法権、行政権、司法権の３つに分けて、それぞれの権力を別の機関に与えること**だよ。国の権力がひとつの機関に集中して強くなり過ぎて、国民の人権がおびやかされることになるのを防ぐわけだ。

　三権のうちの**立法権は、法律を制定する権限のことで、国会に与えられている**。法律は、法の中で憲法の次に強い効力を持っているんだったね（p.37の図参照）。**行政権は、その法律を実施する権限で、内閣に与えられている。司法権は、社会の中の争いを法律にもとづいて解決する権限で、裁判所に与えられている**よ。

日本国憲法の構成と三権分立

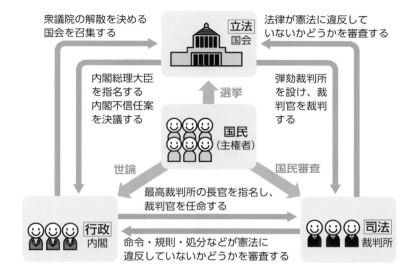

日本国憲法の制定

　さて、ここで、歴史で勉強した日本国憲法施行までの流れをおさらいしておこう。

　1945（昭和20）年8月、日本はポツダム宣言を受け入れて降伏、第二次世界大戦が終わる。そして、日本はそれまでの軍国主義を改めて、平和で民主的な政府をつくる。政府が初めにつくった憲法改正案は天皇主権を維持していて、民主化が不十分だと考えた連合国軍最高司令官総司令部（GHQ）が案をつくる。政府は、それをもとにして改正案をつくり直して、1946年11月3日に日本国憲法が公布される。翌年の1947年5月3日に施行されたんだったね。

　日本国憲法は、**戦前の天皇主権を否定して、国民主権の原理を採用し、人権の保障を強化**している。また、多くの犠牲者を出した戦争と、戦前の軍国主義の反省にもとづいて、平和を求めて**戦争の放棄を宣言**しているよ。

日本国憲法は国民主権、平和主義、基本的人権の尊重（そんちょう）という３つの基本原理から成り立っていることを理解しておこう。

日本国憲法の３つの基本原理

日本の政治

国民主権　　平和主義　　基本的
人権の尊重

日本国憲法

整理しよう！

日本国憲法、３つの基本原理を整理しておこう！

国民主権：国民による政治
平和主義：戦争の放棄（ほうき）
基本的人権の尊重（そんちょう）：個人の尊重

「国民（主権）」の「平和（主義）」が
「基本（的人権の尊重）」です！　と覚えよう。

13 国民主権と天皇の地位

国民主権

それでは、まず日本国憲法の基本原理のひとつである国民主権について説明していくよ。

国民主権とは、**国の政治の決定権を国民が持ち、政治は国民の意思によっておこなわれるべきだ**という原理だ。

すべての人間は平等だから、政治は一部の人だけではなく、国民全員によって決定される。一人ひとりの意見を大事にして、話し合いによって全体の意思を決定する、という民主主義の思想にもとづいているよ。

そのために、国の政治では、**主権者である国民が選んだ代表者が、国会で決定するという議会制が採用**されている。

国民主権を確かなものにするためには、国民一人ひとりが政治に積極的に参加していく必要がある。議員は国民の代表者だから、議員を選ぶ選挙は国民にとって大切な機会だ。日ごろから政治や社会の動きに関心を持って、政治についての考えを深めていくことが大事だよ。

憲法改正

ところで、憲法は「変えることができる」というのは知っているかな。ただ、憲法の改正の手続きは、一般の法律改正とは違って、慎重な手続きが定められている。国のあり方の根本を定めている、国の最高法規が簡単に変わってしまうわけにはいかないからね。

でも、そうは言っても、絶対に変えられないというのも不都合だ。憲法改正には複雑な手順が必要だということは、よくニュースなどでも報道されているよね。ということは、テストにも出るということだ。ぜひ、知っておいてほしい。

まず、「憲法のこの内容を、このように変えるべきだ」という、憲法改正の原案が国会に提出されると、最初に**衆議院と参議院で検討**される。そ

して、**それぞれの総議員の３分の２以上が賛成**すると、国会は国民に対して憲法改正の発議をする。発議というのは、意見を求めるということだよ。「総議員」というのは、衆議院と参議院のすべての国会議員のことだよ。「出席議員」ではないから注意してね。だって、欠席しているのに賛成とするわけにはいかないでしょ。

　次に、満18歳以上の**国民による投票がおこなわれ、有効投票の過半数の賛成**によって、憲法が改正されることになっている。

　憲法改正をするかどうか、最後は国民による投票で決められるというのは、**国民が国の政治の決定権を持つという、国民主権の原理を反映させるべきだと考えられているから**だよ。憲法は国民の人権を保障するいちばん大事な法だからね。

改正するのにそこまで慎重（しんちょう）にするのは、憲法は国の根本だからというわけですね。
ところで、今までに憲法改正がおこなわれたことはあるのでしょうか？

　いや、じつは憲法ができてから今まで、改正がおこなわれたことは一度もないんだ。それどころか、国民投票がおこなわれたこともないんだよ。

　ちなみに、一般の法律が改正されるときには、衆議院と参議院それぞれの出席議員の過半数が賛成すれば成立する。**国民投票は憲法改正の場合のみおこなわれる**んだ。

憲法改正の手続き

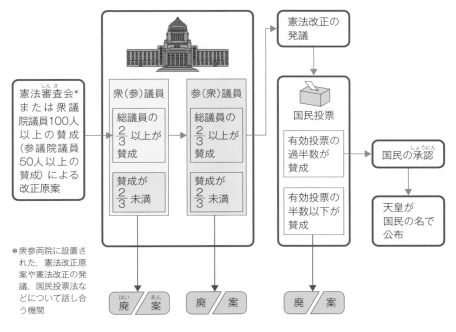

*衆参両院に設置された，憲法改正原案や憲法改正の発議，国民投票法などについて話し合う機関

天皇の地位

　日本国憲法では、天皇は主権者ではなく、**日本国と日本国民統合の「象徴」**として、その地位は、主権者である国民の総意にもとづくものと憲法第１条に定められている。これを象徴天皇制という。象徴というのはシンボルのことだよ。

　天皇は国の政治について、いっさい口出しをする権限がなくて、憲法に定められている国事行為のみをおこなうことになっている。国事行為とは、たとえば、憲法改正や法律、政令、条約を公布したり、国会の指名にもとづく内閣総理大臣の任命や、内閣の指名にもとづく最高裁判所長官の任命などをしたりすることだよ。注意してほしいのは、天皇が法律を「**制定**」するのではないからね。国会が制定した法律を「**公布**」するだけだよ。

　それから、「指名」と「任命」の違いはわかるかな？　指名は「この人がいい」と**選ぶ**ことで、任命は「よろしく頼んだ」と**任せる**ことだよ。

　だから天皇は、総理大臣や最高裁判所長官を選ぶことはできないんだ。

国事行為についても、天皇の判断でおこなうことはできないことになっている。天皇が国事行為をおこなうときは、内閣による助言と承認が必要で、その結果の責任は内閣が負うことになっているよ。

また、天皇は国事行為以外にも、国際親善のための外国訪問や、式典への参加、被災地の訪問など、政治の権力とは関係ない範囲で公的活動をおこなっている。

日本国憲法に見る天皇の地位

第1条

天皇は、日本国の象徴であり日本国民統合の象徴であつて、この地位は、主権の存する日本国民の総意にもとづく。

日本国憲法に定められた主な天皇の国事行為

- 国会の指名にもとづく内閣総理大臣の任命
- 内閣の指名にもとづく最高裁判所長官の任命
- 憲法改正、法律、条約などの公布
- 国会の召集
- 衆議院の解散
- 栄典の授与

テーマ 14 日本の平和主義

平和主義とは

日本は、第二次世界大戦で他国に大きな損害を与え、自国もまた大きな被害を受けた。そこで、戦争の体験と反省から、日本国憲法では**平和主義**をかかげている。憲法の中でも特によく話題に上る憲法第9条では、次の3つの内容を定めている。それは、**戦争を放棄し、戦力を持たず、交戦権を認めない**というものだ。

でも日本は自衛隊を持っていますよね？
自衛隊はじゅうぶん「戦力」と言えそうですけれど……？

もっともな疑問だね。ただ、日本では軍隊ではなく、自衛隊と呼んでい

る。自衛隊はその名前のとおり、自国である日本を防衛するためのものだ。他国が日本を攻撃してきたときに、武力で反撃するわけだね。

　自衛隊と憲法9条の関係について、政府は、主権国家には自衛権があり、憲法は「自衛のための必要最小限度の実力」を持つことは禁止していないと説明しているよ。その一方で、自衛隊は憲法9条の考え方に反しているという意見もある。

　2015（平成27）年には、**日本と密接な関係にある国が攻撃を受け、日本の存立がおびやかされた場合に、集団的自衛権を行使できる**という法律の改正がおこなわれている。集団的自衛権とは、日本の仲間であるアメリカが攻撃されたとき、アメリカと一緒に日本も武力を使って反撃することができる権利のことだ。これに対して、憲法9条で認められる自衛の範囲を越えているという反対意見も多く出ているよ。

日本国憲法に見る平和主義

第9条

①日本国民は、正義と秩序を基調とする国際平和を誠実に希求し、国権の発動たる戦争と、武力による威嚇又は武力の行使は、国際紛争を解決する手段としては、永久にこれを放棄する。

②前項の目的を達するため、陸海空軍その他の戦力は、これを保持しない。国の交戦権は、これを認めない。

日米安全保障条約

　1951（昭和26）年、日本はサンフランシスコ条約を結んで、独立を回復した。同時に日米安全保障条約（日米安保条約）を結んだということは、歴史で勉強したね。

　日米安全保障条約では、他国が日本の領域を攻撃してきたときには、アメリカと一緒になって対処することを約束している。だから日本は、アメリカ軍が日本の領域内にいることを認めているんだ。アメリカ軍基地が日本各地にあるけど、その面積の約70％は沖縄県に集中している。

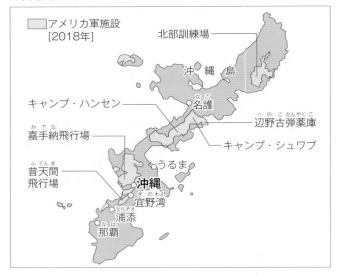

沖縄島周辺のアメリカ軍施設（沖縄県資料より作成）

アメリカ軍施設
[2018年]

北部訓練場

沖縄島

キャンプ・ハンセン

名護

辺野古弾薬庫

嘉手納飛行場

キャンプ・シュワブ

うるま

普天間
飛行場

沖縄

宜野湾

浦添

那覇

自衛隊と国際貢献

　1954（昭和29）年には、日本の防衛を任務とする自衛隊がつくられたけど、じつは今では世界トップクラスの実力を持っている。近年は日本の防衛だけではなく、国際貢献としていろいろな活動をおこなっているよ。

　たとえば、国際平和協力法（PKO協力法）にもとづいて、カンボジアや東ティモールなどでの国際連合の平和維持活動（PKO）に参加している。さらに、イラク戦争のときには復興支援をおこなったり、ソマリア沖などで海賊対策として船舶を護衛したりもしているんだ。ただ、このような自衛隊の海外派遣については反対意見もあがっている。

　また、東日本大震災のような自然災害のときに国民の生命や財産を守る災害派遣も、自衛隊の重要な任務のひとつだ。

[東日本大震災の際の自衛隊による救助活動]

知っていますか？

平和主義のもとで、自衛隊の果たす役割が変化してきているよ。

もともとは日本の防衛だけだった任務は、近年拡大して、国連の平和維持活動や災害派遣などの国際貢献活動のための海外派遣が増えているんだ。

世界平和における日本の役割

　1945（昭和20）年、広島と長崎に原子爆弾が投下され、多くの犠牲者を出した。核兵器は、一瞬で多くの人びとを死傷させ、放射線の後遺症によって被爆者の健康に大きな影響をおよぼす、おそろしいものだ。そんな原子爆弾のおそろしさを知る、ただひとつの国である被爆国日本が国際社会において果たすべき使命は、核兵器をなくして、世界平和を実現することだ。

[原子爆弾が投下された際のきのこ雲]

日本は、核兵器を「**持たず、作らず、持ちこませず**」という非核三原則をかかげているよ。その一方で現実には、日本は日米安全保障条約によって、アメリカの核兵器の力を背景に、自国の安全を図ってきたと言うこともできる。

　核兵器をなくそうとする一方で、その核兵器によって守られているという見方もあり、自国の安全保障政策との矛盾だというとらえ方もある。

人権と共生社会

　憲法とは、「誠実」「友愛」といった学校の教育理念のようなものだ。学校の教育理念は学校のめざす方向、憲法は国のめざす方向を示している。

　各教科担当の教師たちが、教育理念をそれぞれの教科指導を通じて生徒に具体的に伝えるように、憲法もまた、たとえば人権という基本理念の中に、平等権、自由権、社会権、参政権などが含まれていて、それらの権利の中にさらに具体的な権利が含まれている。

　この章ではいろいろな権利が登場するけど、そのすべてに共通するのは、人間が人間らしく自由に生きていくことができる人権という基本理念を守ることにつながっていることだと知っておこう。

この章の ポイント！

「人権と共生社会」のキーワード
❶ 平等権・自由権・社会権・参政権
❷ 普通教育を受けさせる義務・勤労の義務・納税の義務

理解を深めるエッセンス★★

憲法は平等権、自由権、社会権、参政権などを含む基本的人権を保障すると同時に、子どもに普通教育を受けさせる義務、勤労の義務、納税の義務も定めている。

テーマ**15** 基本的人権と個人の尊重

人権を保障するということ

　日本国憲法は、基本的人権を「侵すことのできない永久の権利」（憲法11条）として保障している。僕らが、人間らしく自由に生きていくこと

ができるように、**平等権、自由権、社会権、参政権などが憲法によっ
て保障されている。**

　人権の保障は、一人ひとりの個性を尊重し、かけがえのない人間として
あつかうという「**個人の尊重**」の原理（憲法13条）にもとづいているよ。

　この個人の尊重という原理は、「**法の下の平等**」（憲法14条①）とも深い
関係がある。なぜなら、ある人を特別に有利にあつかったり、また逆に不
利にあつかったりすれば、個人の尊重が損なわれるからだ。一人ひとりを
かけがえのない個人として尊重するためには、すべての人が平等にあつか
われることが必要だ。

基本的人権と法の下の平等

自由権
（自由に生きる
ための権利）

社会権
（人間らしく生きる
ための権利）

参政権など
（人権保障を
確実にする権利）

個人の尊重と法の下の平等

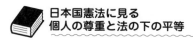

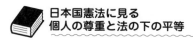**日本国憲法に見る
個人の尊重と法の下の平等**

第13条
すべて国民は、個人として尊重される。生命、自由及び幸福追求に対する国民の権利については、公共の福祉に反しない限り、立法その他の国政の上で、最大の尊重を必要とする。

第14条
①すべて国民は、法の下に平等であつて、人種、信条、性別、社会的身分又は門地により、政治的、経済的又は社会的関係において、差別されない。

人権の保障は、第一に国に求められている。国に対して、**個人を尊重して、自由な活動や幸福で平和な生活を実現すること**を要求しているんだ。

国は、個人の自由を侵害してはいけないし、人びとの生活の安定と福祉の向上を図る責任があって、差別をなくすなどの人権保障を進めていくことが求められているよ。

憲法による人権の保障は、特に社会の中で弱い立場にある人たちにとって大切だ。なぜなら、その人たちが差別や人権侵害を訴え、その解決を政府や社会に求めるときには、**憲法の決まりがその主張の支えになる**わけだからね。

子どもの人権

子どもにも、もちろん人権は保障される。子どももひとりの人間として尊重され、健やかに成長する権利を持っている。ただ、子どもはまだ成長の途中にあるから、親の保護を受けたり、飲酒や喫煙の禁止などの制限を受けたりもするよ。

日本は1994（平成6）年に、国際連合で1989年に採択された「子ども（児童）の権利条約」を批准（同意）した。採択というのは選択されて、採用されたということだよ。批准とは条約や協定に、国として確認・同意をすることだ。この条約は、子どもも人権を持つことを認めて、生きる権利や意見を表明する権利、休んだり遊んだりする権利など、幅広い自由権を定めているよ。国は、子どもの現在と将来の利益を考えながら、これらの権利を守っていく責任がある。

子どもの権利（国連児童基金資料より）

生きる権利
- 防ぐことが可能な病気などで命を失わないこと
- 病気やけがの治療を受けられること

育つ権利
- 教育を受け、休んだり遊んだりできること
- 考えることや信じることの自由が守られ、自分らしく育つことができること

守られる権利
- あらゆる種類の虐待や搾取などから守られること
- 障がいのある子どもや少数民族の子どもなどは特別に守られること

参加する権利
- 自由に意見を述べたり、集まってグループをつくって自由な活動をしたりできること

16 平等権

部落差別の撤廃

　人はみな平等な存在であって、平等なあつかいを受ける権利、平等権を持っている。でも、実際は今でも社会には偏見にもとづく差別が残っている。特に「生まれ」による差別は、個人の尊重の原理と平等権とはまったく反対のものだから、一日も早くなくさなければならないものだ。

　「生まれ」による差別に、江戸時代の身分制度での差別がその後も続く、「部落差別」という、いわゆる同和問題と呼ばれる差別がある。

　この部落差別の歴史的な背景はすでに歴史で学んでいるよね。江戸時代に差別された、えた身分・ひにん身分は、明治時代の「解放令」によって廃止された。

　でも、この差別はなくなったとはいえなくて、その後も就職、結婚などで不利なあつかいを受けることが続いてきたんだ。これに対して、差別されている人びとが部落解放運動を起こして、1922（大正11）年に全国水平社が結成された。

　1965（昭和40）年の同和対策審議会で、国は、部落差別をなくすことは国の責務であり、国民の課題であると宣言している。そして、国による対象地域の人たちの生活を改善する同和対策事業が進められてきた。今でも差別意識の解消に向けて、人権教育がおこなわれている。

アイヌ民族差別の撤廃

　アイヌ民族への差別問題もある。アイヌは昔から北海道、樺太（サハリン）、千島列島を中心に、独自の言葉と文化を持って生活してきた人たちだったね。

　差別の背景には、北海道開拓が進められる中で、アイヌの人たちの土地がうばわれ、明治政府による日本人化政策が進められてきたことなどがある。アイヌの人たちにとって民族固有の生活や文化を維持することができなくなると同時に、それまで受けていた差別がより強くなっていった。

1997（平成9）年に制定された**アイヌ文化振興法**では、アイヌ文化を取りもどし、アイヌの伝統を尊重することが求められた。2008年には国会で、「アイヌ民族を先住民族とすることを求める決議」がおこなわれた。

　現在、アイヌの人たちは、自分たちの文化の継承や、民族としての教育の充実などをめざしているよ。

知っていますか？

> 「決議」というのは、会議によって「決まったこと」という意味だよ。これから何度も出てくるから覚えておいてね。似た言葉に、議決というのもあって、これは「会議によって決めること」だ。あわせて知っておこうね。

在日韓国・朝鮮人差別の撤廃

　日本には約47万人（2019年）の在日韓国・朝鮮人が暮らしている。その在日韓国・朝鮮人に対する差別もある。

　1910（明治43）年、日本は韓国併合をして、強制的に朝鮮の支配をおこなった歴史的背景がある。このような状況下で、在日韓国・朝鮮人の中には、無理やり日本に移住させられたり、意思に反して日本に連れてこられて働かされたりした人たちと、その子孫が多くいる。

　そのような状況で、日本人の間で朝鮮人に対する偏見と差別が広がっていったんだ。今でも、在日韓国・朝鮮人は就職や結婚での差別がなくなっていない。日本で生活していることや、その歴史的事情に配慮して、人権保障を進めていくことが求められているよ。

男女平等の社会をめざして

　女性もまた、仕事や職場において、採用や昇進などで男性よりも不利にあつかわれることがある。その背景には「男性は仕事、女性は家事と育児」という固定した性別役割分担の考え方が残っていて、女性の社会進出をおくらせる原因にもなっている。

また、職場などでの性的ないやがらせ（セクシュアル・ハラスメント）も問題になっている。

1985（昭和60）年に「**男女雇用機会均等法**」という法律が制定されて、**職場の男女差別が禁止**された。募集・採用・昇給・昇進などで、男女とも平等にあつかわれるようになったんだ。さらに1999（平成11）年には「**男女共同参画社会基本法**」が制定され、**男性も女性も対等に活躍できる社会の実現をめざす**ようになっている。

そのためには、育児・介護休業法にもとづいて、子どもの看護休暇や親の介護休暇をとりやすくしたり、保育所の整備を進めたりするなど、男女ともに育児と仕事を両立できる環境を整えていくことが必要だ。

また、管理職や専門職に就いている女性の割合を高めるべきだという意見もあるよ。

男女の年齢別賃金（厚生労働省「賃金構造基本統計調査」平成30年より作成）

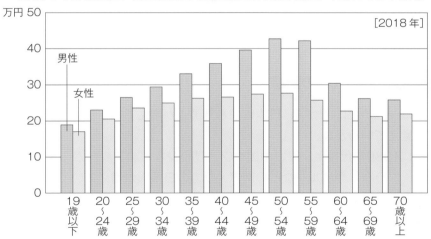

＊一般労働者の賃金

障がいのある人への配慮

平等な社会を実現するためには身体的、知的に障がいがある人への配慮も必要だ。障がいのない人は、障がいのある人が生活するうえでさまたげになっているさまざまなことに気づきにくいからだ。

公共の交通機関や建造物は、**体の不自由な人でも安心して利用できるように段差を取り除く**必要があって、これをバリアフリーというよ。また、教育や就労（しゅうろう）の機会などにも特別の配慮（はいりょ）が必要だね。

　また、ノーマライゼーションといって、障がいのあるなしにかかわらず、**すべての人が区別されることなく、社会の中で普通の生活を送れること**が求められているよ。

　障がいのある人の自立と、社会に参加することを支えるために、障害者基本法という法律も制定されている。2013年には、障がいのある人に対する差別を禁止する「障害者差別解消法」も制定されているよ。

少し くわしく 📖 バリアフリーの考え方

　「バリアフリー」とは、障がいのある人や高齢者などが、社会生活の中で安全、快適に暮らせるように身体的、精神的、社会的な障壁（しょうへき）（バリア）を取り除くという考え方です。

在日外国人への配慮

　グローバル化によって、日本に住む外国人が増えているという話をしたのを覚えているかな。

　特に1980年代後半以降、中国やフィリピンなどのアジアから来る人たちや、ブラジルやペルーなどの南アメリカの日系人が増えている。このような在日外国人も差別の対象にならないように配慮が必要だ。

　僕らは、人びとの生活や考え方などが違うことを認めたうえで、たがいに尊重（そんちょう）し合い、ともに助け合う共生社会を築いていかなくてはならない。そのためには、すべての人にとって暮らしやすい社会を実現していくことが欠かせない。

　たとえば、**言葉や文化、性別、年齢、障がいの有無などにかかわらず利用できる**ユニバーサルデザインは、バリアフリーの考えをさらに発展させたものなんだよ。

　ユニバーサルデザインには、だれもが安全に簡単に使ったり利用したりすることができる工夫（くふう）がされている。

身近なものとしては、下にある掲示表や、シャンプーとリンスに貼られたシールの文字を見なくても、触れただけで区別がつくように、容器につけられた突起などにも、ユニバーサルデザインの一例だね。

ユニバーサルデザインの一例

言語や年齢にかかわらず、だれもがすぐにわかるように
工夫された表示例

シャンプーの容器だけに立体的な突起がついていて、触っただけでリンスではなくシャンプーだとわかるように工夫されている。

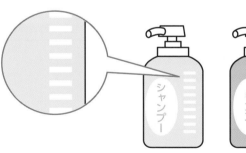

テーマ 17 自由権

精神の自由

僕らが個人として尊重され、人間らしく生きていくには、自由に考え、行動することが欠かせない。このような自由を保障するのが自由権だ。

自由権は、人権保障の中心であり、現在でも重要な権利だ。**日本国憲法が定めている自由権には、精神の自由、身体の自由、経済活動の自由がある。**

まずは、精神の自由がどういうものかを理解していこう。

日本国憲法が保障する自由権

精神の自由	
● 思想・良心の自由	第19条
● 信教の自由	第20条
● 集会・結社・表現の自由	第21条
● 学問の自由	第23条

身体の自由	
● 奴隷的拘束・苦役からの自由	第18条
● 法定手続きの保障、罪刑法定主義	第31条
● 逮捕、捜索などの要件	第33条〜第35条
● 拷問の禁止、自白の強要の禁止 などの刑事手続きの保障	第36条〜 第39条

経済活動の自由	
● 居住・移転・職業選択の自由	第22条
● 財産権の保障	第29条

精神の自由は、**物事のよしあしを自分で判断する思想・良心の自由や、宗教を信仰するかどうか、どの宗教を信仰するかを自分で決める信教の自由**などがある。

どんな考えでも持っていいし、初詣に神社に行くのも、教会で結婚式をするのも、自由だということだ。そんなの当然でしょ！　って思うかもしれないけど、過去には尊王攘夷運動や、自由民権運動、社会主義思想が弾圧されたり、キリスト教禁止令が出されたりした時代があったことを歴史

で勉強したよね。

　また、**人びとが集まったり、団体をつくったり、意見を発表したりする集会・結社・表現の自由、自由に研究をおこなって、その結果を発表する学問の自由**も精神の自由に含まれるよ。

　政府が発表前の出版物などを検閲することも禁止されている。検閲とは、そのまま認めていいかどうかを確認することだ。戦前に政府は、治安維持法などによって、表現の自由を制限したことがあったよね。

身体の自由

　僕らが自由に生きていくには、正当な理由もなくとらえられたり、無実の罪で刑罰を受けたりすることがあってはならない。

　戦前には、警察による不当な捜査や、拷問による取り調べがおこなわれていた。だから日本国憲法では、犯罪の捜査や裁判などにおいて**身体の自由**を保障しているんだ。裁判官が出す令状がなければ逮捕されたり、住居を捜索されたりできないようになっているよ。

　また、自白の強要や拷問も禁止されている。自白の強要というのは、犯した犯罪行為を無理やり告白させることだ。残虐な刑罰も禁止されている。

経済活動の自由

　人びとは、職業を自分で選んで、働いて得たお金を好きに使うことができるし、使わないで貯めておくこともできる。これが、自由に職業を選んで営業する職業選択の自由や、お金や土地などの財産を持つ権利である財産権の保障だ。

　住む場所を自由に選ぶ居住・移転の自由もある。これらをまとめて、**経済活動の自由**というよ。

　ただ、無制限の土地の利用によって住民の生活環境が乱されたり、自由な経済活動によって貧富の差が広がりすぎたり、不公平な社会になってしまう可能性もある。だから、経済活動の自由は、精神や身体の自由に比べて、法律で広く制限されているよ（p.65参照）。

18 社会権

テーマ

社会権の基本である生存権

人びとに人間らしい豊かな生活を保障するのが社会権だ。日本では19世紀に経済活動の自由が強調され、その結果、貧富の差が拡大した。そこで、「社会権」という考え方が生まれたんだ。

社会権の中には、**生存権、教育を受ける権利、勤労の権利、労働基本権**などがあって、日本国憲法によって保障されているよ。

日本国憲法に見る社会権

• 生存権	第25条①
• 教育を受ける権利	第26条①
• 勤労の権利	第27条①
• 労働基本権	第28条

その中でも社会権の基本となっているのが生存権だ。「すべて国民は、健康で文化的な最低限度の生活を営む権利を有する」(憲法第25条①)とされているよ。

> 最低限度の生活……。「最低限」って、マイナスのイメージしか浮かばないのですが……。
> 「文化的」っていうのもよくわからないです……。

たしかにそうだね(笑)。もっと具体的にどんな「生活」かを説明すると、三度の食事が食べられる、決まった住まいがある、病気になったら治療を受けられる、冷蔵庫や洗濯機のような生活に欠かせない生活必需品のある、というような生活のことだよ。

この権利は特に、病気や失業などで生活に困っている人たちにとって重要だ。働くことができなくなって、収入がなくなったら、人間として最低

限度の生活すら送ることができなくなるからね。そのような人たちには、**生活保護法**にもとづいて、**生活に必要な費用が支給される**ことになっている。最近は、生活が苦しくなって生活保護を受ける世帯が増加しているよ。

　また、生存権を保障していくためには、病気にかかった人や高齢者（こうれい）などが安定した生活を送れるように、老齢（ろうれい）年金や医療（いりょう）保険、介護（かいご）保険などの社会保険制度を整えることが必要だ。特に、少子高齢化に対応した年金制度の見直しについては、よくニュースにも取り上げられているよね。

日本国憲法に見る生存権

第25条

①すべて国民は、健康で文化的な最低限度の生活を営む権利を有する。

教育を受ける権利

　教育を受ける権利は、キミたちにとっていちばん身近に感じる権利だと思う。すべての子どもが学校で教育を受けられることを保障するというものだからだ。学校教育を通じてキミたちは、社会生活に必要な知識や判断力、友達との協調性などを身につけていく。

> 「教育を受ける権利」……。小中学校は義務教育なので、正しくは「教育を受ける義務」ではないでしょうか？

　たしかに、「学校で勉強する権利」というよりも、「勉強しなくてはいけない義務」と思っている人が多いだろうね（笑）。よく誤解されるんだけど、小中学生には教育を受ける「権利」はあるけど「義務」はないんだよ。「義務教育」というのは、保護者の義務であって、小中学生の義務ではないことを理解しておこう。

さて、学校教育は平和で民主的な国家や社会を築いていく人間を育てるためにも重要だ。教育の基本的な方針は**教育基本法**というものに定められているよ。

小学校や中学校のような学校教育にとどまらず、生涯学習の充実も求められている。「生涯学習」とは、人が生涯にわたっておこなう学習のことだ。学校に限らず、家庭や地域、職場などいろいろな場所でおこなわれていて、職業上の能力を高めるためや、趣味や娯楽として楽しむなど、いろいろな目的でおこなわれる学習だよ。

勤労の権利と労働基本権

勤労の権利と労働基本権は、働く人たちのための権利だ。

働くことは、収入を得て生活を安定させ、仕事を通じて精神的に充実した生活を送るうえでとても大切だ。そこで、**勤労の権利**が保障されているわけだ。

また、労働者は雇い主である使用者に対して弱い立場にあるため、**労働基本権**（労働三権）が保障されている。**労働基本権は「労働三権」といって、労働者が団結して行動できるように労働組合をつくる権利（**団結権**）、労働組合が賃金などの労働条件の改善を求めて使用者と交渉する権利**（団体交渉権）、**要求を実現するためにストライキなどをおこなう権利**（団体行動権）の3つが含まれているよ。

団結権

団結して労働組合を作ったり加入したりする権利

団体交渉権

会社側（使用者）と労働条件などについて交渉する権利

団体行動権（争議権）

労働をおこなわないストライキなどの行動によって会社側に要求を訴える権利

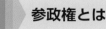

19 人権の保障

参政権とは

　人権保障を確実なものにするために、日本国憲法はいろいろな権利を保障しているんだけれど、参政権はその中のひとつだ。

　参政権はその名前のとおり、**政治に参加する権利**だ。参政権は、**国民主権を保ち、政治を国民の意思にもとづいておこなうために**不可欠な権利といえる。

　そして、その参政権のなかにはさらにいくつもの権利が含まれている。そのうち、もっとも中心的な権利が選挙権だ。選挙権は**国会議員や地方議会の議員、都道府県知事や市（区）町村長を選挙する権利**で、**満18歳以上のすべての国民**に認められている。議員を選ぶ選挙権だけでなく、**自ら議員になるために選挙に立候補する**被選挙権も、参政権に含まれるよ。

　また、憲法改正の国民投票権や、最高裁判所裁判官の国民審査などのように、国民が直接、決定に参加する権利もある。

　「国民審査」とは、最高裁判所の裁判官がその地位にふさわしい人物かどうかを国民が直接審査する制度だ。ほかにも、国や地方の機関に何かしてもらいたいことがあるときに出す請願権も、広い意味では参政権のひとつといえるね。

裁判を受ける権利

　日本国憲法は参政権以外にも、人権を保障するために、国に対して一定のおこないをするように要求する権利、請求権をいくつか定めている。その中のひとつが裁判を受ける権利だ。

　たとえば、もし人権が侵害されて、個人の力で解決することが難しい場合は、**裁判に訴えて、裁判所で法にもとづいて公正に判断してもらうこと**が必要になるよね。これが裁判を受ける権利だ。裁判所は、裁判を通じて日本国憲法に定められている人権保障を実現するため、重要な役割

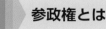

を果たしているわけだ。

　でも、現実には日本の裁判には費用と時間がかかる。だから権利を侵害（しんがい）されても裁判に訴（うった）える人が少ないといわれてきたんだ。そこで、だれもが裁判を受けやすいように、無料の法律相談や、弁護士費用の立てかえなどの仕組みが整えられているよ。

その他の請求権

　日本国憲法が保障する請求権（せいきゅう）は、裁判を受ける権利以外にも、国家賠（ばい）償請求権（しょう）と刑事補償請求権（ほしょう）というものがある。どちらも国の行為（こうい）によって損害を受けた人を助けるために定められているよ。

　国家賠償請求権は公務員の違法（いほう）な行為によって受けた損害に対して、公務員を雇（やと）っている国や地方公共団体につぐないを求める権利だ。

　刑事補償請求権は、事件の犯人として訴えられ、裁判の結果無罪となった場合や、裁判で有罪が確定したあとに、やり直し裁判で無罪となった場合に、国につぐないを求める権利だよ。

日本国憲法に見る参政権と請求権

参　政　権	
• 公務員の選定・罷免権（ひめん）	第15条①
• 選挙権	第15条③、第44条、第93条②
• 被選挙権（ひ）	第44条
• 最高裁判所裁判官の国民審査権（しんさ）	第79条②
• 地方自治特別法の住民投票権	第95条
• 憲法改正の国民投票権	第96条①
• 請願権（せいがん）	第16条

請求権	
• 裁判を受ける権利	第32条
• 国家賠償請求権	第17条
• 刑事補償請求権	第40条

テーマ 20 公共の福祉と国民の義務

「公共の福祉」による人権の制限

人権は日本国憲法によって保障されていると学んだよね。でも、実際には、人権の制限が認められる場合があるんだ。

たとえば、表現の自由が認められているからといって、他人のプライバシーを侵害したり、名誉を傷つけるような言論は許されず、そのような言論は法律によって処罰される。これを**人権の限界**というよ。

また、社会全体の利益のために、人権の制限が認められる場合がある。道路の拡張や空港施設などの公の目的のために、土地の住民に立ち退いてもらうというようなことだ。もちろん、そのかわりの補償はされるけどね。

このように、**人権の限界や制限**をするものを、日本国憲法では社会全体の利益を意味する「**公共の福祉**」という言葉で表現しているよ。

日本国憲法では「自由や権利の濫用を認めず、国民は常にそれらを公共の福祉のために利用する責任がある」（憲法第12条の要約）と定めている。

ただ、何が公共の福祉に当たるのかを国が一方的に判断して、人びとの人権を不当に制限することがあってはならない。だから、人権を制限しようとする場合は、それが具体的にどのような公共の利益のためであるのかを慎重に検討する必要があるわけだ。

また、人権が公共の福祉によって制限されるといっても、その程度は人権の種類によって異なる。

たとえば、自由権のなかでも、経済活動の自由については、行き過ぎると住民の生活環境が乱されたり、貧富の差が大きくなったりするから、公共の福祉による制限が広く認められている。

これに対して、精神の自由についてはこのような事情がないから、公共の福祉による制限はかなり限られる。

第1部 生活編
第2部 憲法編
第3部 政治編
第4部 経済編
第5部 国際編

日本国憲法に見る「公共の福祉」

第12条

この憲法が国民に保障する自由及び権利は、国民の不断の努力によつて、これを保持しなければならない。又、国民は、これを濫用してはならないのであつて、常に公共の福祉のためにこれを利用する責任を負ふ。

「公共の福祉」による人権の制限の例

表現の自由
● 他人の名誉を傷つける行為の禁止（刑法）
● 選挙運動の制限（公職選挙法）

集会・結社の自由
● デモの規制（公安条例）

居住・移転の自由
● 感染症による入院措置（感染症法）

職業選択の自由
● 無資格者の営業禁止（医師法など）
● 企業の価格協定（カルテル）などの禁止（独占禁止法）

労働基本権
● 公務員のストライキ禁止（国家公務員法、地方公務員法）

財産権の保障
● 不備な建築の禁止（建築基準法）

知って
いますか？

「人権を制限するものは？」「人権に限界づけをするものは？」と聞かれたら、「公共の福祉」と答えよう。
ただし、「公共の福祉」が人権を制限する場合は、より多くの人の人権を守ることにつなげるためだから、そこを理解しておいてね。

国民の義務

　国民には、日本国憲法によっていろいろな権利が認められているね。その一方で、**国民が社会生活を支えるために果たすべき義務**もある。日本国憲法では、子どもに**普通教育を受けさせる義務**、**勤労の義務**、**納税の義務**という**国民の三大義務**を挙げているよ。

　普通教育を受けさせる義務は、**子どもの「教育を受ける権利」を確保するために**定められている。**勤労は国民の義務であると同時に権利でもある。**もちろん、勤労を強制するものではないよ。ただ、納税は強制だ。税金を確保することは社会権の保障にとって重要で、税金の種類や対象者などの具体的な内容が、法律で定められている。だから、三大義務のなかでも納税の義務を果たさないと、法律で罰せられる。

　ところで、憲法には権利がたくさん定められているけど、義務の規定は少ないよね。これは、憲法が**国民の権利を保障するための法**だからだ。国は、憲法に反しない範囲で、国民に義務を課す法律を制定することができることになっている。

国民の三大義務

普通教育を受けさせる義務

勤労の義務

納税の義務

もし正しい申告・納税をしなかったら……

国は正しく申告・納税がおこなわれているか調査をおこなっている。申告に誤りがあったり、納税をしていなかったりすると、正しい金額を払い、罰せられることになる。

税金　利息　罰金

第 6 章

これからの人権保障

今や世界中の多くの人びとがスマートフォン（スマホ）でコミュニケーションを取り合い、情報を調べ、インターネットで商品を注文し、本格的なカメラと変わらないようなカメラ機能で画像や動画を撮って WEB サイトにアップロードする。今から 10 年前、このような社会になることは、多くの人が想像できなかった。

日本国憲法が公布されたのは今から 70 年以上も前のことだ。その当時では、まったく考えてもいなかった社会になっている。だから、現代社会にあわせた内容を追加する必要が出てきた。それが、「新しい人権」だ。それがどんな内容なのかを理解していこう。

この章の ポイント！

「これからの人権保障」のキーワード
「新しい人権」
（環境権・自己決定権・知る権利・プライバシーの権利）

理解を深めるエッセンス★★

憲法には直接規定されていない「新しい人権」。代表的なのが「環境権」「自己決定権」「知る権利」「プライバシーの権利」の 4 つ。

テーマ **21** 新しい人権

社会の変化と新しい人権

日本国憲法が公布されたのは第二次世界大戦後の 1946 年。それから数十年、産業や科学技術が発展して、情報化が進んできた。

日本国憲法には、いろいろな人権が定められているけれど、そこに定め

られていない権利も主張されるようになっている。日本国憲法が公布された頃とは、社会が大きく変わっているから当然だよね。

　そのような、日本国憲法には直接規定されていない権利を「新しい人権」と呼ぶ。「新しい」というのは「最近の」ということではなくて、「憲法○条、○○の権利を有する」というような、**条文の規定はないけれど、裁判を通じて認められるようになったもの**をいうよ。環境権や自己決定権、知る権利、プライバシーの権利がそうだ。

新しい人権の主張の根拠

　「新しい人権」は社会の変化にともなって主張されるようになりました。日本国憲法には直接的には規定されていませんが、主に憲法第13条の幸福追求権（「生命、自由及び幸福追求に対する国民の権利」）を主張の根拠にしています。

環境権とは

　だれでもみんな、きれいな空気や水、住みよい環境を求めるよね。

　でも、1960年代から1970年代、高度経済成長期と呼ばれる時期には、水俣病や四日市ぜんそくのような公害が深刻化した（p.173参照）。環境汚染の悪影響を無視して経済成長を優先した結果だね。そこで、良好な環境を求める権利として環境権が主張されるようになったんだ。住居への日当たりを確保することを求める日照権もそのひとつだ。

　そして現在では、環境を守るために国や地方がその責任を定めた「環境基本法」が制定されているよ。また、大規模な開発事業をおこなう前に、環境への影響を調査する環境アセスメント（環境影響評価）も義務づけられている。

自己決定権とは

　社会が発達するとともに、人びとの生き方が多様化してきた。どんな生き方や生活をするか、選ぶ道が増えてきたということだね。

　このような社会の中で、個人が自分の生き方や生活のしかたについて自由に選んで決めたいという主張がなされるようになってきた。この権利を、

自己決定権という。

　たとえば、医療では、患者が治療方法などを自ら決定できるように、手術などの際にはインフォームド・コンセント（十分な説明にもとづく同意）が求められるようになっている。自らの死後の臓器移植についての臓器提供意思表示カードも、自己決定権を尊重するものだ。

[臓器提供意思表示カード]

科学技術の発展と人権

　科学技術の発展によって、近年は生命と人権に関する難しい問題も生まれている。

　たとえば、病気などの終末期に延命治療をこばんで死を選ぶ尊厳死や、耐えがたい苦痛をともなう病に苦しむ人が、医師の手を借りて死を選ぶ安楽死が、自己決定権として主張されている。でも、その主張を認めるべきかどうかは、まだみんなが納得する結論が得られていないんだ。

　遺伝子技術の研究では、難病治療などに役立つことが期待されているんだけど、遺伝子がまったく同じ個体をつくり出すクローン技術については、人間のクローンをつくることは法律で禁止されている。

　遺伝子診断も、遺伝子を原因とする病気のかかりやすさを知ることができるんだけど、遺伝子を理由とした差別や、出生前診断による妊娠中絶の問題が心配されているよ。

知る権利とは

　国民が主権者として政治について判断するためには、政治にかかわるいろいろな情報を得て分析することが必要だ。でも、多くの情報は国や地方公共団体に集まって、国民に直接伝わることは少ない。

　そこで、これらの情報を手に入れる権利として、「知る権利」が認められるようになった。国や地方公共団体では、情報公開制度が設けられ、人びとの請求に応じて、情報を公開しているよ。情報公開制度は、公正で透明性の高い政治の実現にも役立っている。

　また、取材などをとおして情報を収集し広く伝えるテレビや新聞などの報道機関も、表現の自由によって国民に知る権利を提供している。

プライバシーの権利

　人はだれでも、他人に知られたくない秘密を持っているよね。でも、テレビや週刊誌などのマスメディアの報道が、個人の生活の秘密を公開してしまうことがある。このような報道によって、多くの人に秘密が知られてしまうことは、その人に大きな不利益を与えることになる。そこで、**個人の生活に関する情報を公開されない権利**として「**プライバシーの権利**」が認められてきている。自分の顔や姿などを勝手に撮影されたり、公表されたりしない権利である肖像権も、そのひとつだ。

　また、情報社会では住所や電話番号だけでなく、病歴や信仰している宗教など、他人に知られたくない個人情報が、本人の知らない間に収集され、利用されることがある。そこで、国や地方、民間の情報管理者がこのような個人情報を慎重に管理するように義務づける個人情報保護制度が設けられているよ。

インターネットと人権

　インターネットの発達によって、だれでも簡単に情報を発信できるようになっているよね。ただ、それによって、インターネット上にプライバシーの権利を侵害する違法な情報が流出することが多くなっている。

インターネットでは、自分の名前を出さずに情報を発信することができるから、他人の名誉を傷つける無責任な言論や差別的な表現も見られる。また、情報を簡単にコピーできるので、著作権が十分に保護されていないなどの問題も起きている。

インターネット上において、これらの権利を守っていくための仕組みを整えていくことが求められているよ。

インターネットによる人権侵犯事件の件数の推移（**法務省資料より作成**）

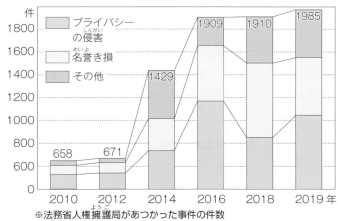

※法務省人権擁護局があつかった事件の件数

テーマ ㉒ グローバル社会と人権

人権保障の国際的な広がり

人権は世界共通で保障されていくべきものだ。でも実際には、これまでの人権保障は各国の国内でおこなわれてきたため、国によって人権保障のあり方に大きな差が生まれて、重大な人権侵害が起こってきた。

そこで国際連合（国連）が中心になって、1948（昭和23）年に世界人権宣言が、1966年には国際人権規約が採択された。世界人権宣言は条約ではないんだけど、世界各国の人権保障のお手本となっている。国際人権規約では、条約を結んだ国に、人権の保障を義務づけている。

そのほかにも、人種差別をなくすことを目的とする人種差別撤廃条約や、女性差別をなくすための女子差別撤廃条約、障がい者の権利を守る障害者権利条約などの条約が結ばれているよ。

　これらの条約は、条約を結んだ国での人権保障の改善に大きく役立っている。

　たとえば、日本でも女子差別撤廃条約の採択を受けて、男女雇用機会均等法が制定されるなど、男女平等が進んでいる。

　2006(平成18)年には国連人権理事会が置かれ、加盟国の人権保障の状況について調査して、問題がある場合は改善するように勧告している。

　また、2007(平成19)年には、国連で「先住民族の権利に関する国際宣言」が採択された。カナダなどのイヌイット、オーストラリアのアボリジニなどの先住民族の権利を保障する努力も国際的に広がっているよ。

 世界人権宣言（部分）

第1条
すべての人間は、生れながらにして自由であり、かつ、尊厳と権利とについて平等である。人間は、理性と良心とを授けられており、互いに同胞の精神をもって行動しなければならない。

第2条
①すべて人は、人種、皮膚の色、性、言語、宗教、政治上その他の意見、国民的若しくは社会的出身、財産、門地その他の地位又はこれに類するいかなる事由による差別をも受けることなく、この宣言に掲げるすべての権利と自由とを享有することができる。

主な人権条約

条約名	採択	日本の批准
人種差別撤廃条約	1965年	1995年
国際人権規約	1966年	1979年
女子差別撤廃条約	1979年	1985年
拷問等禁止条約	1984年	1999年
子ども(児童)の権利条約	1989年	1994年
死刑廃止条約	1989年	未批准
障害者権利条約	2006年	2014年

第1部 生活編
第2部 憲法編
第3部 政治編
第4部 経済編
第5部 国際編

これからの社会と人権保障

　p.10～13でも見たように、グローバル化が進んだ現在は、いろいろな社会問題が地球規模で結びついていることを学んだよね。

　環境汚染は国境を越えて広がり、先進国と発展途上国の間の経済格差は不法移民の増加につながっている。地球環境問題や貧困問題、難民問題の解決やエイズへの取り組み、紛争やテロリズム、国際犯罪の防止など、現代の社会問題には、国際的な協力が不可欠だ。僕らは国際社会の一員として、地球全体で持続可能な社会が実現できるように努力することが求められているよ。

　また、人権保障を実現するために、国境を越えて活動する非営利の民間組織であるNGO(非政府組織)の活動も注目されている。今では、NGOがいろいろな国際会議に参加して、世界各国の問題について訴え、条約の締結に影響を与えているんだ。

MEMO

第3部

政治編

現代の民主政治

政治って、なんだか難しそう……って思うかもしれないけど、基本は単純だ。政治の基本とは、「みんながハッピーになれるように、みんなで話し合って、みんなで決めよう！」ということだ。このことを民主主義ともいう。

ただ、この民主主義をうまく機能させるには、ルールが必要だ。それが、間接民主制だったり、小選挙区比例代表並立制という選挙制度だったりする。これらの用語をいきなり覚えようとするのではなくて、その内容を理解してほしい。内容を理解すれば、用語の名前が、そのまま中身を説明していることに気づくし、自然と用語が頭に入るはずだ。

この章の ポイント！

「現代の民主政治」のキーワード
❶ 民主主義　　　　　　❷ 間接民主制（議会制民主主義）
❸ 選挙　　　　　　　　❹ 小選挙区比例代表並立制
❺ 政党政治

理解を深めるエッセンス★✦

日本の民主主義の政治は、間接民主制によって、選挙で選ばれた代表者によって進められているが、選挙には棄権（きけん）の増加や一票の格差という課題がある。

テーマ 23 民主主義と政治

政治とは

さて、ここからは政治について学んでいこう。

僕らは、社会の中で生活している。クラスや学校の中で討論（とうろん）すると、い

ろいろな意見が出てくるように、社会でも、ひとつの問題をめぐっていろいろな意見が出て、対立や争いが起こることがある。

　社会の中で起こる対立や争いを、決まりをつくって解決に導くことを広い意味で政治という。一般的には、**国や地方公共団体の働き**を、政治というよ。

民主主義とは

　政治にはいろいろな方法があって、ひとりの指導者がすべての物事を決定する方法もある。独裁政治というものだね。でも、そのひとりの指導者が良い政治をおこなうとは限らないよね。むしろ自分にだけ都合の良い政治をおこなうようになるのは歴史が証明している。だから、**みんなで話し合って、決定するという方法**が、現在、多くの国で採られている。これが民主主義だ。

　民主主義の政治を民主政治というんだけど、これをおこなうためには、みんなで決めるということが、認められていなければならない。**国民が政治のあり方を最終的に決めることができる、国民主権**が必要だ。

　そして、みんなで決めるためには、それぞれの意見を自由に述べることや、**みんなが平等に話し合いに参加できることが認められていること**も必要だ。そのためには自由権や平等権などの基本的人権が不可欠だ。**民主主義は、一人ひとりを尊重すること（個人の尊重）を基本にしている**わけだね。

多数決と少数意見の尊重

　みんなで話し合って決めるためには、話し合う"場"も必要だ。**人びとが直接話し合いに参加するやり方**を直接民主制というんだけれど、一度に大勢が集まるのは大変だし、複雑な物事を決めることは難しいよね。だから、多くの国では**国民の代表者を選挙で選び、その代表者が集まって議会をつくり、物事を話し合って決めるというやり方**、いわゆる間接民主制が採られているんだ。議会制民主主義（代議制）ともいうよ。

　ただ、話し合っても意見が一致しないこともよくある。その場合は、最

後は**多数の意見を採用すること**が一般的だ。これを**多数決の原理**と呼ぶ。この場合、反対の意見を持つ人も多数の意見に従うことになるから、結論を出す前に少数の意見もよく聞いて、できるだけ尊重（そんちょう）することが必要だ。このことを**少数意見の尊重**という。

　民主主義では、一人ひとりの国民が政治の主役だから、政治に積極的に参加することが求められているんだよ。

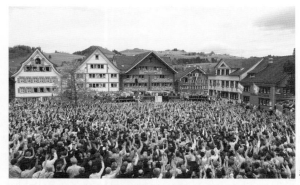

[スイスの一部の州では、人々の挙手によって物事が決められる]

[日本の衆議院での議決]

整理しよう！

直接民主制と間接民主制の、長所と短所を整理しておこう。
直接民主制は、個人の尊重を基本とする民主主義にふさわしい方法だ。でも、大勢が一度に集まったり、複雑な問題を決めたりするのは実際には難しい。
間接民主制は規模が大きく、複雑な問題をあつかう現代の政治にふさわしい方法だ。でも、選挙に参加しないと、国民の意見が反映されなくなってしまうよ。

テーマ24 政治参加と選挙

政治への参加

民主主義の政治では、国民一人ひとりの積極的な政治参加が必要だ。そして政治参加の中で重要なのが選挙だ。

日本では、国会議員のほか、都道府県や市（区）町村の長と議員を選挙で選んでいる。選挙の方法は、公職選挙法という法律に定められているよ。

政治について同じ考えを持つ人びとがつくる団体を「政党」という。特に国会議員は政党に所属し、政党を中心に行動する。だから、選挙で投票するときには、候補者本人だけでなく、その所属する政党の主張も考える必要があるんだ。

選挙の基本原則

一定の年齢以上のすべての国民が選挙権を得るという原則を普通選挙といって、日本国憲法第15条で保障されている。日本の選挙年齢は、公職選挙法で満18歳となっているよ。

昔は財産、納税額などによって選挙権が制限されたり、女性に選挙権が認められなかったりした。普通選挙が実現するまでには、長い道のりがあったことを歴史で勉強したよね。

また、現在の選挙は、普通選挙のほか、**ひとり一票**の平等選挙、**代表を直接選出する**直接選挙、**どの政党や候補者に投票したのかを他人に知られないようにする**秘密選挙、の４原則のもとでおこなわれている。

日本の選挙制度

国民の意思を議会に反映させるために、いろんな選挙制度が工夫されている。現在、多くの国では、**小選挙区制**と、**比例代表制**がとられているよ。小選挙区制というのは、ひとつの選挙区からひとりの議員を選び出す制度だ。比例代表制というのは、政党の名前を書いて投票して、その投票数に

よって政党に議員のポジション（議席）を分けるしくみだよ。

選挙といえば、「総選挙」という言葉は
選挙以外でもよく聞きます。

　日本の「総選挙」と呼ばれる衆議院議員の選挙は、小選挙区制と、比例代表制とを組み合わせた選挙制度である小選挙区比例代表並立制が採られている。総選挙と呼ばれるのは、衆議員全員をいっせいに選挙するからだよ。

　また、参議院議員の選挙は、都道府県を単位として1回の選挙でそれぞれひとりから6人の代表を選ぶ選挙区制（定数147）と、全国をひとつの単位とした比例代表制（定数98）でおこなわれる。衆議院議員の「総選挙」に比べて、参議員の選挙は「通常選挙」と呼ぶ。全議員の半分ずつを選挙するので「総選挙」とは呼ばないんだ。3年に一度、必ず予定通りにおこなわれるよ。

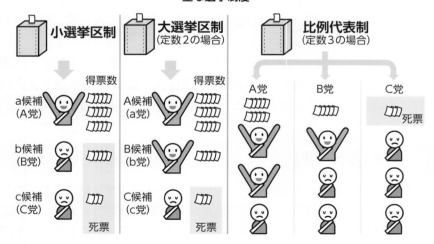

主な選挙制度

選挙の課題

　いま、選挙のいちばんの課題は、**選挙に行かない棄権の増加**だ。特に20歳代の投票率が低くなっていて、10人に6〜7人は棄権している状況だ。

　棄権が増えている原因のひとつとして、「選挙に行っても何も変わらない」という無力感や、「政治家はだれも信頼できない」という不信感から、政治に関心を持たない人が多くなったことが指摘されている。

　でも、これは非常にマズいことなんだ。多くの人が選挙を棄権すると、一部の人によって大事なことが決められてしまうことになり、民主政治が危うくなってしまう。もっとはっきり言うと、投票する高齢者に有利で、投票しない若者が不利な世の中になってしまう。

　そこで近年では投票しやすい環境づくりとして、**投票日前に投票できる期日前投票の制度**を整えて、投票率をアップさせようとしているよ。

　選挙のもうひとつの課題として、一票の格差がある。これは、**ひとりの議員の当選に必要な得票数が、選挙区によって大きな差がある**という問題だ。

　たとえば、A区では、議員1人に有権者5万人がいると、一票の価値は5万分の1ということになる。一方、B区では議員1人に有権者1万人しかいないので、一票の価値は1万分の1となる。そうすると、A区の有権者の一票はB区の5分の1の価値しかないことになるよね。

　選挙区によって、平等であるべき一票の価値に大きな差があるということは、日本国憲法に定める「法の下の平等」に反するとの判決が出ていて、これを改善するための選挙制度改革が議論されているんだ。

投票率アップのために

・期日前投票制度

仕事や病気、出産や入院などでやむをえず投票日当日に投票所に行けないというだけでなく、旅行や外出などを理由とした利用も認められています。

・選挙を棄権する理由

「選挙に行っても政治は変わらない」「関心がない」「政党や候補者の意見の違いがよくわからない」などのほかに、「遊びやほかの用事を優先させた」という理由を挙げる人も多いです。期日前投票は、このような人たちに投票をしやすくし、投票率アップを図るものです。

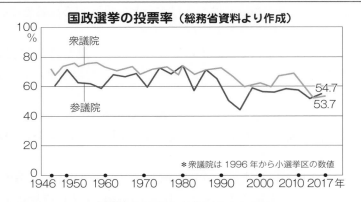

国政選挙の投票率（総務省資料より作成）

衆議院　参議院

＊衆議院は1996年から小選挙区の数値

54.7　53.7

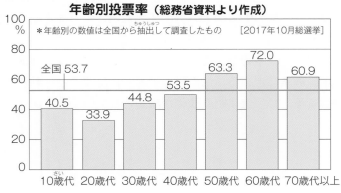

年齢別投票率（総務省資料より作成）

＊年齢別の数値は全国から抽出して調査したもの　［2017年10月総選挙］

全国 53.7

10歳代	20歳代	30歳代	40歳代	50歳代	60歳代	70歳代以上
40.5	33.9	44.8	53.5	63.3	72.0	60.9

政治参加のいろいろな方法

　ところで、政治参加の方法は、選挙で投票することのほかにも、いろいろな方法がある。選挙運動の手伝いをしたり、集会やデモ行進に参加した

りするのも政治参加の方法だ。

　もちろん、選挙に立候補して政治家として活動することも一定の年齢以上になれば認められている。

　また、インターネットを使って、立候補者の政策を調べたり、政治に関する問題についてみんなで議論したり、政治家に自分の意見を伝えたりすることも、新しいかたちの政治参加だ。

　本当の民主政治を実現するためには、一部の人びとに政治を任せきりにせず、より多くの人びとの意見が反映される必要がある。そのためには、国民一人ひとりが政治に関心を持って、いろいろな意見をじっくりと検討して、積極的に政治に参加していくことが大切だよ。

主な政治参加の方法

政治

- 選挙での投票
- 選挙への立候補や選挙運動の手伝い
- 条例制定やリコールなどを求める直接請求
- 議員や行政機関への請願・陳情
- 公 聴 会や審議会への参加
- 政党の活動への参加
- 大衆運動（集団示威運動など）への参加
- マスメディアの世論づくりへの参加
- 利益集団（圧力団体）の活動への参加
- 情報公開制度などを利用した調査・監視
- インターネットによる情報収集や意見表明・交 換

選挙権と被選挙権を得る年齢

	選挙権	被選挙権
国		
衆議院議員	18歳以上	25歳以上
参議院議員	18歳以上	30歳以上
地方公共団体		
市（区）町村長	18歳以上	25歳以上
市（区）町村議会議員	18歳以上	25歳以上
都道府県知事	18歳以上	30歳以上
都道府県議会議員	18歳以上	25歳以上

政党の働き

自由民主党（自民党）とか公明党、立憲民主党という名前を聞いたことがあるよね。これらは政党の名前だ。

政党とは、**政治で実現したい理念や達成しようとする方針、政策について同じ考えを持つ人びとがつくるグループ**だ。民主主義は多数決で決まるから、仲間をできるだけ多く集めないと、政策を実現できない。だから政党というグループをつくって人数を増やそうと、日々がんばっているわけだ。

政党は、国民のいろいろな意見を集めて、国や地方公共団体の政治に反映させる働きをしている。同時に、政治の動きや政策を国民に知らせる働きもしているよ。

議員や大臣、市（区）町村や都道府県の長など、将来のリーダーになりそうな人材を社会の中から探し出して育てることも、政党の役割だ。

日本の主な政党 （2020年11月現在）

政党名	自由民主党	公明党	立憲民主党	国民民主党	日本共産党	日本維新の会
結成年	1955年	1964年	2020年	2020年	1922年	2015年
党首	菅義偉 すがよしひで	山口那津男 やまぐちなつお	枝野幸男 えだのゆきお	玉木雄一郎 たまきゆういちろう	志位和夫 しいかずお	松井一郎 まついいちろう
議席数 （所属会派）	衆議院283 参議院112	衆議院29 参議院28	衆議院108 参議院43	衆議院7 参議院9	衆議院12 参議院13	衆議院10 参議院16
主な公約 （教育）	幼児教育の無償化、低所得世帯の支援、給付型奨学金の創設、児童虐待の早期発見など	待機児童ゼロの推進、給付型奨学金の創設、被選挙権年齢の引き下げなど	保育士の待遇の改善、児童相談所の体制強化、学校給食の無償化、給付型奨学金の創設など	保育士の待遇の改善、ひとり親家庭への支援の拡大、児童手当の拡充	学童保育の拡充、学校給食の無償化、給付型奨学金の創設、ひとり親家庭への支援拡充など	教育無償化のための憲法改正、教育予算の増額、被選挙権年齢の引き下げなど
与野党 よやとう	与 党		野 党			

※旧・立憲民主党は2017年、旧・国民民主党は2018年に結成。2020年9月に旧・立憲民主党と旧・国民民主党の一部が合流し、立憲民主党を結成。

政党政治

国の政治では、多くの場合、議員は政党を中心に活動し、選挙ではいく

つもの政党が議席を争う政党政治がおこなわれている。

国によって、2つの政党が議席のほとんどをしめる二党制（二大政党制）や、3つ以上の主要政党が存在する多党制などがあるよ。

政党は、選挙でできるだけ多くの候補者を当選させようとする。首相がいる国では、多くの場合、議会の選挙でもっとも多くの議席を獲得した政党の党首が首相になって、内閣を組織する。

選挙に勝って、内閣を組織して国を動かす権利を与えられた政党を与党、それ以外の、選挙で負けた政党を野党というよ。選挙に負けた野党も、与党（＝政府）の政策を批判したり、失敗を監視したりして、より良い政治にしていくために重要な役割を果たしている。もちろん、野党は政権を担当する与党になることをねらっている。ひとつの政党が持つ議席だけでは過半数に達しない場合は、内閣が複数の政党によって組織されることもある。このような政権を連立政権という。

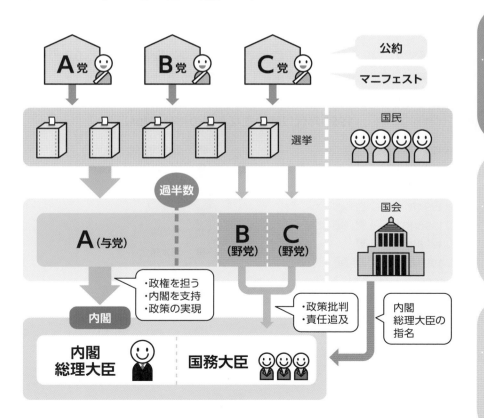

日本の政党政治

　日本では、自由民主党（自民党）が、1955（昭和30）年に結成されて以来、長い間、単独で政権を担当してきた。しかし、1990年代以降は、いろいろな政権が結成と消滅をくり返しながら、いろいろな組み合わせの連立政権が形成されている。

　2009（平成21）年におこなわれた総選挙では、民主党がもっとも多くの議席を得て、それまでの自民党と公明党による連立政権から、民主党を中心とする連立政権にかわる政権交代が起こった。逆に、2012年の総選挙では、自民党と公明党が多数の議席を獲得して、再び両党を与党とする連立政権ができあがった。

　現在、野党には、立憲民主党のほか、国民民主党、日本維新の会、日本共産党などがあるよ。

　総選挙のとき、多くの政党は、「政権を担当したらこんな政策を実施しますよ」という国民との約束である、**政権公約**（マニフェスト）を発表する。各党の政権公約を比べることで、どの政党に投票して、どのような政策を実現してもらいたいかを選択しやすくなっているよ。

1990年代以降の主な与党の移り変わり

年月	与党
1991年11月〜	自
1993年 8月〜	社 ⓈⓊ 新 公 日 民 社
1994年 4月〜	Ⓢ 新 公 日 民
1994年 6月〜	自 社 Ⓢ
1996年11月〜	自 社 Ⓢ
1998年 7月〜	自
1999年 1月〜	自 自
1999年10月〜	自 自 公
2000年 4月〜	自 公 保
2003年11月〜	自 公
2009年 9月〜	民 社 国
2010年 5月〜	民 国
2012年12月〜	自 公

自	…自由民主党
社	…日本社会党（1996年1月から社会民主党）
Ⓢ	…新党さきがけ
新	…新生党
公	…公明党
日	…日本新党
民	…民社党
社	…社会民主連合
自	…自由党
保	…保守党（2002年12月から保守新党）
民	…民主党
国	…国民新党

※◯は閣外協力

世論とマスメディア

　社会のいろいろな問題について、多くの人びとによって共有されている意見のことを世論という。政府や政党は、世論を参考にして政策を考えたり、政治をおこなったりしているんだ。

　そんな世論の基本となっているのは、一人ひとりの意見だ。人びとは新聞やテレビなどのマスメディアをとおしていろいろな意見を参考にして、自分の考えをまとめるわけだ。また、マスメディアなどは世論調査を実施して、人びとの意見を明らかにしているよ。人びとが正確な情報をもとにして、かたよりがなく幅広い見方を検討できるようにするためにも、報道と表現の自由が尊重されているのは大切なことなんだ。

メディアリテラシー

　マスメディアは世界中のできごとの中から報道する話題を選んで取り上げる。そして、人びとは報道された話題を重要だと考えがちだ。また、同じ話題でも、どんな面に注目してメディアが取り上げるかによって、人びとの受け止め方も変化する。だから、マスメディアは世論をつくる力を持っていると言える。

　どのような話題をどのように取り上げるかは、新聞やテレビによって異なる。伝えられる情報も各社の意見が反映されているし、不正確な場合もある。マスメディアは、正確な情報を人びとに伝える努力をする必要がある。一方、僕らも、マスメディアが発信する情報をいろいろな角度から批判的に読み取る力、メディアリテラシーが求められているよ。

少し くわしく メディアによる取り上げ方の違い

　新聞社の意見は、記事の見出しからわかることがあります。次の見出しは、2017年5月3日の憲法改正に関する記事の見出しです。

- A社：憲法70年　この歴史への自負を失うまい
- B社：憲法施行70年　自公維で3年後の改正目指せ
- C社：憲法施行70年　戦後最大の危機に備えよ　9条改正で国民を守り抜け
- D社：施行から70年の日本国憲法　前を向いて理念を生かす

第 **8** 章

政治の仕組み

> 　日本の政治は、法律を定める国会、法律で定められたことを実施する内閣、法に従って争いを解決する裁判所が中心になっておこなわれている。
>
> 　国会、内閣、裁判所は、国の権力をそれぞれ３分の１ずつ担当している。そして、どこか１か所の力が大きくなりすぎないように、おたがいにおさえ合う関係にある。ジャンケンのグー、チョキ、パーのような関係だ。
>
> 　それでは、手を開いて話し合う場である国会（パー）、握りしめたこぶしのように力強く政策を実行する内閣（グー）、するどいハサミのように判決を下す裁判所（チョキ）の仕事の内容を理解していこう。

この章の ポイント！

「政治の仕組み」のキーワード
❶ 国会（立法）と衆議院の優越
❷ 内閣（行政）と議院内閣制
❸ 裁判所（司法）と三審制

理解を深めるエッセンス★☆

日本の政治は、法律を定める「国会」、法律で定められたことを実施する「内閣」、法に従って争いを解決する「裁判所」を中心におこなわれている。

テーマ 26 国会

国会とは

　国の政治の仕組みの中心は、**国会、内閣、裁判所**で成り立っている。国会は、簡単に言うと、話し合いをして法律を決めるところだ。

国会は、**法律をつくるところで、主権者である国民が直接選んだ国会議員によって構成される**から、国権の最高機関として、国の政治の中心となっている。また、**国会は法律を制定できるただひとつの機関**で、これを唯一の立法機関という言い方をするよ。だから、国会議員の仕事は、国民にとって必要な法律をつくることだ。そうすることで、国民の生活をより良いものにしていく責任がある。

僕らは主権者として、国会でどのような議論がされているか、選ばれた国会議員がどのような活動をしているかを注目していく必要があるんだ。

国会には、衆議院と参議院があって、これを二院制（両院制）と言うよ。衆議院と参議院は議員の人数や任期、被選挙権などがそれぞれ異なっている。被選挙権というのは立候補することだったね。**衆議院の被選挙権は25歳以上だけど、参議院は30歳以上**だ。「参（サン）議院は『30歳』」と覚えておこう。

衆議院と参議院は、あえて別の制度にすることで、性格に違いを持たせ、どちらかの行きすぎをおさえ、より慎重な議論ができるようにしているよ。

衆議院と参議院の比較

	衆議院	参議院
議員定数	465人	245人
任期	4年（解散がある）	6年（3年ごとに半数を改選）
選挙権	18歳以上	18歳以上
被選挙権	25歳以上	30歳以上
選挙区	小選挙区：289人 比例代表：176人	選挙区：147人 比例代表：98人

少し くわしく 📖 国会議員の特権

国民を代表するという重要な務めを果たすため、国会議員は自由に活動できる必要があると考えられています。国会議員には、国会が開かれている間は原則として逮捕されず（不逮捕特権）、国会でおこなった演説や賛成・反対意見を表すことなどについて法的な責任を問われないこと（免責特権）が保障されています。

国会の議決と衆議院の優越

　国会の議決の基本は多数決だ。「議決」とは、会議をとおして何かを決めることだったね。衆議院と参議院の両方の議決が一致したときに、国会の議決が成立するんだ。もちろん、両院の議決が異なるときもある。そんなときは、両院が話し合って決める、両院協議会がおこなわれることもあるよ。

　ただ、両院がたがいに反対の議決ばかりをしていると、いつまでたっても決まらない。だから、いくつかの重要なことは、衆議院の議決を優先させることになっている。これを衆議院の優越というよ。

　衆議院の議決が優先されるのは、**衆議院のほうが任期が短く解散もあるため、最近の国民の意見がより反映されていると考えられるか**らだ。解散とは、4年の任期を待たずに、議員全員の資格を失わせることだ。

　衆議院議員は「代議士」とも呼ばれている。国民の代表が議論するからだ。参議院は、もと大日本帝国憲法下の貴族院だ。参議院は良くも悪くも、国民の最近の意見が反映されやすい衆議院を、長期的な視点で監督する「良識の府」と呼ばれているよ。

衆議院の優越

事項	内容	結果
予算の先議	予算は衆議院が先に審議する	
・予算の議決 ・条約の承認 ・内閣総理大臣の指名	参議院が、衆議院と異なった議決をした場合 →両院協議会でも意見が一致しないとき	衆議院の議決が国会の議決となる
	参議院が、衆議院の可決した議案を受け取った後30日以内（内閣総理大臣の指名については衆議院の議決の後10日以内）に議決しないとき	
法律案の議決	参議院が、衆議院と異なった議決をするか、衆議院の可決した法律案を受け取った後60日以内に議決しない場合 →衆議院が出席議員の$\frac{2}{3}$以上の多数で再可決したとき	法律となる
内閣不信任の決議	内閣不信任の決議は衆議院のみでおこなうことができる	

国会の種類

　国会には3種類ある。まずは基本となる常会（通常国会）。**毎年1回、1月に召集**される。その年の4月から1年間の予算を決めるのがいちばんの目的だ。ほかには、**必要に応じて開かれる臨時会（臨時国会）**と、**衆議院の解散、総選挙のあとに開かれる特別会（特別国会）**があるよ。

> 臨時国会に特別国会……。
> うーん、なんだかまぎらわしいですね。

　そうだね。臨時国会は名前のとおり、「臨時」に開かれる。急いで法案を審議する必要が出てきたり、予算を追加する必要が出てきたりしたときに、議員の要求によって開かれる。特別国会は「特別」なときに開かれる。特別なときって？　それは衆議院総選挙がおこなわれたときだ。選挙がおこなわれてから30日以内に特別国会が開かれるんだ。特別国会では総理大臣が選び直されるよ。

国会の会期

種類	召集	日数
常会（通常国会）	毎年1回、1月中に召集される	150日間
臨時会（臨時国会）	内閣が必要と認めたとき、または、いずれかの議院の総議員の$\frac{1}{4}$以上の要求があった場合に召集される	両院の議決の一致による
特別会（特別国会）	衆議院解散後の総選挙の日から30日以内に召集される	
参議院の緊急集会	衆議院の解散中、緊急の必要があるとき、内閣の求めによって開かれる	不定

※通常国会は1回、臨時国会と特別国会は2回まで、会期を延長できる

　ところで国会の会議は原則として公開されている。国民は国会を見学したり、そこでの会議を聞くことができる。中学生だけでも傍聴に行くことができるんだよ。もちろん入場料もかからない。傍聴に行くだけでなく、議事録という会議の記録を読んだり、インターネットやテレビで審議の様子を見たりすることもできる。審議というのは、ある物事について調査・検討して、賛成か反対か、採用か不採用かなどを決めることだ。

整理しよう！

毎年開かれるのが「常会（通常国会）」。
議員の要求で開かれるのが「臨時会（臨時国会）」。
選挙のあとに開かれるのが「特別会（特別国会）」だよ。

国会の1年の動き（参議院HPより作成）

月	1	2	3	4	5	6	7	8	9	10	11	12
			常会							臨時会		
主な動き	1月 召集。会期は150日間	2月 総予算の審議（衆・参）	3月 法律案・条約等の審議		会期中に100件以上の法律案が審議される年もある	6月 閉会			9月 召集	必要に応じて臨時会が召集	11月 決算の国会提出	

※政治情勢により、都度スケジュールは変わる

法律の制定（国会の重要な仕事①）

　国会は、いろいろ重要な仕事をしているけど、その第一は**法律の制定（立法）**だ。法律は、国会だけが制定できる決まりになっていたね。

　法律には、財産や家族などにかかわる決まりである民法や、犯罪とそれに対する刑罰を定めた刑法などがあるよ。

　衆議院か参議院のどちらかに提出された法律案は、通常、数十人の国会議員からなる**委員会**で審査されたあと、議員全員で構成される**本会議**で議決され、もう一方の議院に送られる。衆議院で可決したあと、参議院で否決された法律案は、衆議院で出席議員の3分の2以上の多数によって、再び可決されると、法律になる。

　会議で提出された案が賛成されて認められることを「可決」、その逆に反対されて認められないことを「否決」というよ。

日本国憲法に見る国会の主な仕事

• 法律の制定（立法）	第41条、第59条	
• 予算の審議・議決	第60条	
• 条約の承認	第61条	
• 国政調査権	第62条	
• 弾劾裁判所の設置	第64条	
• 内閣総理大臣の指名	第6条①、第67条	
• 憲法改正の発議	第96条	

予算の審議・議決（国会の重要な仕事②）

　国会の重要な仕事の第二は、国の予算の審議・議決だ。

　国や地方公共団体は、人びとが納める税金などの収入から、それぞれの仕事をおこなうために支出する。国や地方公共団体は、どの程度の収入があって、そのお金を**何にどれくらい使うかを決める**。これを予算という。

　この予算を決めるのは、国の方向性を決める大事なことなんだよ。教育にかける費用、高齢者などの福祉のための費用、また防衛費などにどれくらい使うかを決めることで、人びとの生活が変わってくるからね。

　さて、そんな予算の審議・議決の流れは、次のようになる。

　まず、内閣が予算案を作成して、衆議院に提出する。予算委員会で審議されて、衆議院本会議で可決。同じ手続きが参議院でもおこなわれて可決されれば予算の成立となる。参議院が30日以内に議決しなかったり、衆議院と参議院の議決が異なったりした場合には、衆議院の議決が優先されるよ。

「衆議院の優越」ですか？　衆議院の議決が優先されるのはそのためでしょうか？

そのとおりだよ。参議院より先に衆議院から予算の審議がおこなわれるのも同じ理由からだ。

内閣総理大臣の指名（国会の重要な仕事③）

国会の重要な仕事の第三は、内閣総理大臣の指名だ。

内閣総理大臣は、国会議員の中から選ばれて、国会の議決で指名されるんだ。指名は衆議院と参議院がそれぞれ記名投票するというかたちでおこなわれる。このとき、衆議院と参議院が異なる人を指名して、両院協議会でも意見がまとまらなかった場合は、やっぱり衆議院での議決が優先されるよ。そう、「衆議院の優越」が内閣総理大臣の指名にも認められているわけだ。

内閣総理大臣が決まると、内閣総理大臣が国務大臣を任命して、内閣を組織する。内閣は、国会の決めた法律や予算にもとづいて、政治を進めるのが役割だ。

その他の国会の仕事

国会は、内閣が外国と結んだ条約の承認もおこなう。

内閣が外国と条約を結んでも、国会が承認しなければその条約は効力を持たないんだ。**国会が承認して、はじめてその条約が効力を持つ**ことになる。条約の承認についても、衆議院の優越が認められているよ。

また、国会は憲法改正の発議をすることもできるということを学んだのを覚えているかな。衆議院と参議院のそれぞれ3分の2以上の賛成によって、憲法改正の発議が可能だ。

ほかにも、衆議院と参議院は国政調査権という権利を持っていて、**政治全般について調査をすること**もできる。証人を議院に呼んで質問したり（証人喚問）、政府に記録の提出を要求したりするよ。

裁判官として仕事の責任を果たしていなかったり、裁判官としてふさわしくない行為をしたりした裁判官を辞めさせるかどうかを判断する弾劾裁判所を設置することも、国会の仕事だ。弾劾裁判所は裁判所で働く裁判官を国会が裁判にかけるというものだ。

27 内閣

内閣とは

内閣の役割は、**国会で決められたことを実行すること**だ。

法律や予算はただ決定するだけでなく、実行する必要がある。そのことを行政という。「政治」を「行う」と書いて「行政」だ。

国の主な行政機関

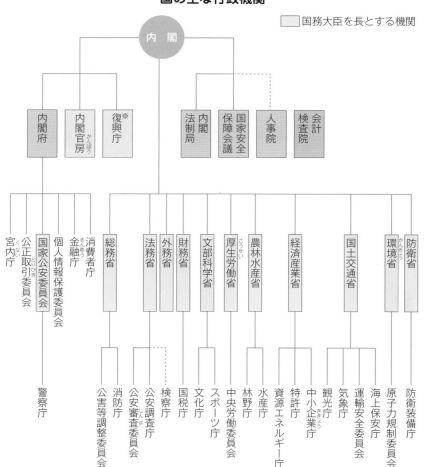

国務大臣を長とする機関

内閣

内閣府／内閣官房／復興庁※／法制局 内閣／国家安全保障会議／人事院／会計検査院

宮内庁／公正取引委員会／国家公安委員会／個人情報保護委員会／金融庁／消費者庁／総務省／法務省／外務省／財務省／文部科学省／厚生労働省／農林水産省／経済産業省／国土交通省／環境省／防衛省

警察庁／公害等調整委員会／消防庁／公安調査庁／公安審査委員会／検察庁／国税庁／文化庁／スポーツ庁／中央労働委員会／林野庁／水産庁／資源エネルギー庁／特許庁／中小企業庁／観光庁／気象庁／運輸安全委員会／海上保安庁／原子力規制委員会／防衛装備庁

※設置期限は 2030 年度末まで
※ 2021 年度中にデジタル庁が新設予定

行政の範囲はとても広くて、景気を安定させたり雇用を確保したりするための経済政策や、道路建設などの公共事業、医療や年金などの社会保障、教育・文化の向上、消費者保護など、僕らの生活のすみずみまでおよんでいるよ。

　内閣は国の**最高の行政機関**だ。内閣としての方針は、ニュースなどでは「政府の方針」と表現されるよ。「政府＝内閣」というわけだ。

　ところで、**行政は国の行政と地方行政の2つに分けられる**。国の行政は、外務省、財務省、文部科学省など11の省や庁、内閣府などの行政機関が分担しておこなっている。内閣はそれらの行政機関を指揮監督するのが仕事だ。

　また、内閣は法律案や予算をつくって国会に提出したり、条約を結んだりする。最高裁判所長官の指名とその他の裁判官の任命、天皇の国事行為への助言と承認も内閣の仕事だ。

　内閣は、**内閣総理大臣**（首相）とその他の**国務大臣**によって組織されている。内閣総理大臣は日本のトップというイメージがあると思うけど、まさにそのとおりで、内閣の長として幅広い権限を持っているよ。たとえば、国務大臣を任命し、いつでも辞めさせることができる。

知って
いますか？

辞めさせることを「罷免」というから知っておいてね。

　ところで、「国務大臣を任命」と言ったけど、国務大臣という人がいるわけじゃないよ。外務大臣や財務大臣、文部科学大臣などの大臣をまとめて「国務大臣」というんだ。閣僚ともいう。

　内閣総理大臣は国会議員でないといけないんだけど、国務大臣はだれを任命してもいい。ただし、**国務大臣の過半数は必ず国会議員から選ぶ**ことになっている。半数以上は、選挙で選ばれた国民の代表から選んでねということだ。実際、内閣のほとんどは国会議員だよ。あと、だれを任命

してもいいといったけど、軍人はダメで、軍人ではない、いわゆる文民でなければならないことになっている。武力を持った軍人に政治を任せて、日本が戦争の道に歩んでしまった歴史からの反省だ。

　内閣は閣議といって、内閣総理大臣と大臣たちで会議を開く。内閣の会議だから「閣議」ね。この閣議によって行政の運営について決定する。これを閣議決定という。

　また、内閣総理大臣は内閣を代表して、行政の各部門全体を指揮、監督する立場にある。自衛隊の最高指揮監督権も持っているよ。

内閣の主な仕事

• 法律の執行	第73条1
• 外交関係の処理	第73条2
• 条約の締結	第73条3
• 予算の作成・提出	第73条5
• 政令の制定	第73条6
• 最高裁判所長官の指名とその他の裁判官の任命	第6条②、第79条①、第80条①
• 天皇の国事行為に対する助言と承認	第3条

議院内閣制

　国会（立法）と内閣（行政）の関係は、議院内閣制と大統領制という2つの仕組みに分けられる。

　たとえば、アメリカの大統領制では、国民は立法をおこなう議会の議員と、行政のトップである大統領の選挙を別々にする。これに対して、日本を含める議院内閣制の多くの国では、**国民は立法をおこなう議員を選んで、その議会が行政の中心となる首相を選ぶ**という仕組みになっているよ。

　内閣は国会から信頼されて成立する。だから、国会に対しては一緒に責任を負う。連帯責任といわれるものだ。衆議院の総選挙がおこなわれたときは、内閣は必ず総辞職をして、選挙の結果をふまえ、国会によって内閣総理大臣が指名され、新しい内閣がつくられる。

もし内閣の仕事が信頼されるものでなければ、衆議院は内閣不信任の決議をおこなう権限を持っている。**参議院にこの権限はなく、衆議院だけが内閣不信任の決議をおこなう権限を持っている**よ。内閣不信任というのは簡単に言うと、「総理大臣やめろ～！　みんなもそう思うよな～！？」って国会議員に問いかけることだ。内閣不信任決議案は政権を担当していない、衆議院議員の野党から国会に提出されるよ。

　そして、内閣不信任決議案に国会議員の半数以上が賛成すると、議決される。議決というのは会議で決定されることだったね。賛成に議決されることを「可決」ともいうから知っておこう。
　さて、内閣不信任決議案が可決されると、内閣は総辞職をしなければならない。または、内閣は内閣不信任決議案が可決されてから10日以内に衆議院の解散をして、内閣がこれからも政権を担当していいか、国民に意見を聞くための選挙をおこなうことができる。

知っていますか？

国会は内閣に対して「内閣不信任案」の決議をおこなうことができる。
内閣は国会の衆議院を解散させることができる。
国会と内閣はたがいにおさえ合うことで、力が集中しないようにバランスが保たれているよ。

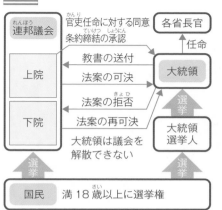

アメリカ大統領制の仕組み

連邦議会
官吏任命に対する同意
条約締結の承認
各省長官
任命
上院
教書の送付
法案の可決
大統領
下院
法案の拒否
法案の再可決
大統領は議会を解散できない
大統領選挙人
選挙
選挙
選挙
国民 満18歳以上に選挙権

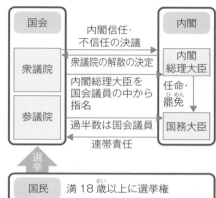

日本の議院内閣制の仕組み

国会
内閣信任・不信任の決議
内閣
衆議院の解散の決定
衆議院
内閣総理大臣を国会議員の中から指名
内閣総理大臣
任命・罷免
参議院
過半数は国会議員
国務大臣
連帯責任
選挙
国民 満18歳以上に選挙権

行政を実行する公務員と財政

行政の仕事をするには、公務員の働きが不可欠だ。

公務員には、国家公務員、地方公務員、さらには法律系、経済系、公安系、教育系、その他、というように、多数の職種があるよ。公務員は一部の人のためではなく、「全体の奉仕者」として、国民全員のために仕事をすることが憲法で定められているよ。特定のだれかをえこひいきしてはダメだということだ。

また、政府が政策を実施するためには、元手となるお金も必要だ。そのお金の大半は、国民から集めた税金がもとになっているのは知っているね。政府が税金収入を得て、それを予算に従って支出していく経済活動のことを財政というよ。

日本国憲法に見る公務員

第15条
②すべて公務員は、全体の奉仕者であつて、一部の奉仕者ではない。

第99条
天皇又は摂政及び国務大臣、国会議員、裁判官その他の公務員は、この憲法を尊重し擁護する義務を負ふ。

公務員の種類と数（人事院「国家公務員の数と種類」平成30年ほかより作成）

日本の公務員の数　国家公務員：58.3万人（2018年度）
　　　　　　　　　・一般職：28.5万人　・裁判官など：2.6万人　・自衛官：24.7万人
　　　　　　　　　地方公務員：274.0万人（2019年度）
　　　　　　　　　・一般行政職：92.3万人　・警察職29.0万人　・消防職：16.2万人

行政権の拡大

　19世紀半ばまでのヨーロッパやアメリカでは、政府の役割を安全保障や治安の維持など、必要最小限にする「小さな政府」という考え方が中心的だった。

　現代では、政府は、人びとの生活を安定させるため、社会保障や教育、雇用の確保など、いろいろな仕事をおこなうべきだという考え方が主流だ。これは「大きな政府」という考え方だ。

　この「大きな政府」の考え方にもとづいて、政府の仕事の範囲が広がるにつれて、行政の役割も拡大してきた。

　まず、法律や予算を実施する行政本来の仕事が増えて、公務員の人数や財政の規模が大きくなる。また、国会で定められる法律だけでは社会のすべてのできごとに対応できないので、行政が個別の事例に合わせて判断する必要も出てくる。さらに、法律などを決めるときにも、専門的な知識、

技術、情報を持つ行政部、各省庁がかかわることも増えているんだ。

　ただ、政府の役割が大きくなりすぎて、いろいろな問題も出てきている。たとえば、民間企業などに任せたほうが質が良く、経費が削減できるはずの仕事まで行政がおこなったり、規則にしばられる公務員が個別の事例に柔軟（じゅうなん）に対処できなかったりするようなケースも多くなってくる。退職した公務員が、**在職中に関係があった企業に優先的に再就職させてもらう「天下り（あまくだ）」の問題**もよくニュースになっているよね。

　そのようなこともあって、日本ではシンプルでむだのない行政をめざす**行政改革**が進められてきた。公務員の数を減らして、国の事業を廃止（はいし）したり、民間企業に任せるという民営化を進めたりしている。これまで必要だった**許可や認可をなくして、自由に経済活動ができるようにする規制緩和（かんわ）**などもおこなわれているよ。

> 規制緩和？　なんだか難しい四字熟語ですね……。

　簡単にいうと、今まであったルールをなくして自由にすることだよ。

　たとえば、以前のガソリンスタンドでは、従業員による給油が義務づけられていたけど、運転する人が自分で給油できるセルフ式ガソリンスタンドができたことや、資格を持つ人がいれば、コンビニエンスストアでも薬を販売できるようになったことなどだ。

「小さな政府」と「大きな政府」

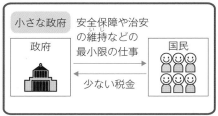

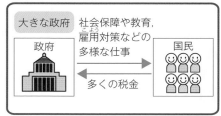

テーマ 28 裁判所

社会生活と法

社会の中で多くの人たちが生活していくためには、社会の決まりごとが必要だ。**法**は、そのような決まりごとのなかのひとつだ。

法には、憲法、法律、条令など、いろいろな種類がある。法は僕らの権利を守り、社会の秩序を保っている。

また、法は社会生活の中での争いや犯罪を裁く基準にもなっている。社会では、人びとの間で利害や感情がぶつかって、争いが起こったり、事故によってけが人や死者が出たり、強盗や傷害のような犯罪が起こったりしている。そこで、これらの問題を解決するために、客観的にはっきりしている法をあらかじめ定めておいて、それに従って決着をつけることになる。

律令という古代の法律制度があったことを歴史で学んだよね。法は古くから国のあり方を決める重要なものだったんだ。

司法と裁判所

法にもとづいて争いを解決することを**司法**（裁判）という。その仕事を担当するのが**裁判所**だ。司法の中心となる**裁判をおこなう権利である、司法権を持っているのが裁判所**だ。

裁判所は**最高裁判所**と**下級裁判所**とに分かれている。最高裁判所は、裁判の仕事をする国の最高機関で、東京都に置かれているよ。下級裁判所は次の４種類がある。**高等裁判所、地方裁判所、家庭裁判所、簡易裁判所**だ。

裁判は多くの場合、事件の内容によって、まず地方裁判所、家庭裁判所、簡易裁判所のいずれかでおこなわれる。これを第一審という。裁判所での決定を判決というんだけど、第一審の判決に納得できない場合、上級の裁判所で第二審を求めることができる。このことを**控訴**するというよ。

第二審でも納得できなければ、さらに上級の裁判所で第三審を求めるこ

とができる。これを上告という。

　このように、**ひとつの事件について3回まで裁判を受けられること**を三審制というよ。これは、**人権を守るために裁判を慎重におこなって、裁判のまちがいを防ぐための仕組み**だ。

裁判所の種類

種類		おこなわれる裁判	所在地
最高裁判所		高等裁判所から上告された事件をあつかい、三審制で最後の段階の裁判をおこなう。	1か所（東京都）
下級裁判所	高等裁判所	地方裁判所や家庭裁判所などから控訴された事件などをあつかい、主に第二審の裁判をおこなう。	8か所
	地方裁判所	一部の事件を除く第一審と、簡易裁判所から控訴された民事裁判の第二審の裁判をおこなう。	50か所（各都府県に1か所、北海道は4か所）
	家庭裁判所	家庭内の争い（家事事件）の第一審となり、また、少年事件などをあつかう。審理は原則として非公開。	
	簡易裁判所	請求額が140万円以下の民事裁判と、罰金以下の刑罰に当たる罪などの刑事裁判の第一審の裁判をおこなう。	全国438か所

高等裁判所の位置

三審制の仕組み

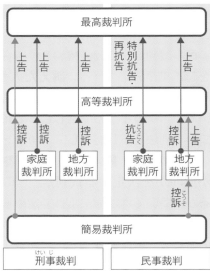

司法権の独立

　裁判は、正しい手続きによって公正中立におこなわれる必要がある。野球やサッカーの審判と同じように、裁判所や裁判官も公正、中立の立場でなければならない。そのための原則として、**司法権の独立**というものがある。これは、国会や内閣は裁判所に口出しするのはダメで、裁判では裁判官は自らの良心に従って、憲法と法律だけに拘束されるという原則が、憲法によって定められているよ。

　だから裁判官は、心身の故障、国会の弾劾裁判、最高裁判所の裁判官に対する国民審査によって辞めさせられる場合などを除いて、在任中の身分が守られているんだ。

テーマ 29 裁判の種類と人権

民事裁判と刑事裁判

　裁判には、**民事裁判**と**刑事裁判**がある。

　民事裁判は、貸したお金を返してもらえないとか、建てた家に欠陥があったなど、**個人や企業の間の争いについての裁判**だ。民事裁判のうち、国や地方公共団体に対しておこなう裁判は「行政裁判」と呼ばれるよ。

　民事裁判は、自分の権利を侵害されていると考える人が、裁判所に訴えを起こすと開始される。**訴えた人**が**原告**、**訴えられた人**が**被告**で、それぞれ自分の意見を主張する。裁判官は原告と被告の両方の言い分をよく聞いて、当事者どうしで話し合って和解するようにうながしたり、法にもとづいて判決を下したりして、争いを解決するわけだ。

　刑事裁判は、**殺人や傷害、強盗、詐欺などの犯罪行為について有罪か無罪かを決定する裁判**だ。どのような行為が犯罪になって、処罰されるかについては法律によって定められている。

　事件が起こると、警察と**検察官**が協力して捜査して、罪を犯した疑いのある人、**被疑者**を探して、犯罪の証拠を集める。

　場合によっては被疑者を逮捕したり、拘置所に閉じこめたりする。検察

官は、被疑者が罪を犯した疑いが確実で、刑罰を与えたほうがよいと判断すると、被疑者を被告人として裁判所に訴える。これを起訴というよ。

裁判官や、国民から選ばれた裁判員は、被告人が有罪か無罪かを決め、有罪の場合は裁判官によって刑罰が言い渡されるという流れになっている。

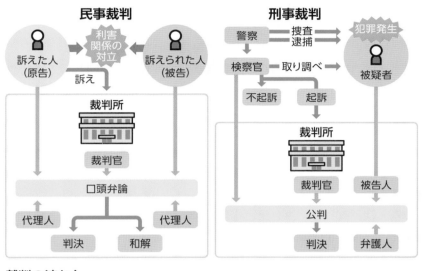

裁判の流れと想定される裁判員裁判での様子

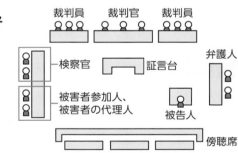

主な刑罰の種類

死刑	生命をうばう
懲役	刑務所に収容・監禁して、労働させる（1か月以上20年未満の有期か、期間の定めのない無期）
禁錮・拘留	・刑務所に収容・監禁する（禁錮は1か月以上20年未満の有期か無期、拘留は1日以上30日未満）
罰金・科料	・お金を国に納める（罰金は1万円以上、科料は1000円以上1万円未満）

刑罰が言いわたされても一定期間罪を犯すことなく過ごせば刑罰がなくなる「執行猶予」がつくことがある

裁判と人権保障

　民事裁判でも刑事裁判でも、裁判では法律や裁判の手続きなどの専門的な知識が必要だ。だから、一般的には、弁護士が原告や被告、被告人のお手伝いをする。

　刑事裁判では、強い力を持っている警察や検察の捜査が行きすぎないように、被疑者、被告人の権利が憲法で保障されている。

　たとえば、警察は、裁判官の出す令状がなければ、原則として逮捕や捜索をすることはできない。また、拷問は禁止されていて、仮に拷問によって罪を認めても、それは証拠として使えない。

　被疑者や被告人には、答えたくない質問には答えを拒否したり、裁判で黙っていたりする黙秘権や、弁護人を依頼する権利が保障されている。もし、お金がなくて弁護人に依頼できないなら、国が費用を負担して、国選弁護人をつけることもできる。

　被告人は、有罪の判決を受けるまでは無罪とされ、公平で迅速な公開裁判を受ける権利を保障されているよ。

> 弁護人って、弁護士とは違うのでしょうか？

　うん、「弁護士」は刑事裁判の弁護人や民事裁判の代理を仕事にしている「職業・資格の名前」だ。「弁護人」は刑事裁判で「被告人の弁護をする人」を指す言葉だよ。

　弁護人には原則として弁護士しかなれないんだけど、簡易裁判所の刑事裁判は弁護士でなくても弁護人になれる。地方裁判所の刑事裁判は弁護士である弁護人が別にいれば、弁護士でない弁護人をつけることも可能ということになっているよ。

テーマ 30 司法制度改革

司法制度改革

これまで、日本での裁判について、次のような改善点が指摘されてきた。①裁判に時間がかかりすぎる、②費用が高い、③判決文が一般の人にはわかりにくい、④裁判官や検事・弁護士の人数が少ない、などだ。

このような状況を改めて、人びとが利用しやすい裁判制度にするために、**司法制度改革**が進められてきた。

たとえば、だれでも司法に関するサービスを受けられるようにすることを目的として、日本司法支援センター（法テラス）が日本各地に設立されている。

法テラスは、法律上のトラブルを解決するために役立つ情報提供や、お金の余裕がない人への無料法律相談、弁護士費用の立てかえ、犯罪の被害にあった人への支援などをおこなっているよ。ほかにも、裁判にかかる時間を短縮するために、いろいろな制度がつくられている。

裁判員制度

司法制度改革の大きな柱のひとつが2009（平成21）年から始まった**裁判員制度**だ。これは、国民が**裁判員**として刑事裁判に参加して、**裁判官といっしょに被告人の有罪・無罪や、刑罰の内容を決める制度**だ。

この裁判員制度は、刑事裁判に一般の国民の常識とかけ離れた判決があるなどの批判があって、**裁判に国民の視点や感覚を反映させることを目的**として導入されたんだ。

裁判員制度の対象となるのは、殺人や強盗致死傷などの重大な犯罪についての刑事事件で、裁判員が参加するのは地方裁判所でおこなわれる第一審だけだ。裁判員は、満20歳以上の国民の中から、くじなどによって選ばれる。重い病気や家族の介護などの理由を除いて、裁判員になることを辞退できないことになっているよ。

裁判員は裁判官といっしょに、事件について経験したことを話す証人や

被告人の話を聞いたり、証拠を調べたりする。そのうえで、評議といって裁判官と話し合い、被告人が有罪か無罪か、有罪の場合はどのような刑罰にするかを決める。このことを評決というよ。

　国民が刑事裁判に参加することによって、裁判の内容や進め方に国民の視点や感覚が反映されるようになるし、司法に対する理解と信頼が深まることが期待されているんだ。

裁判員制度による裁判の手続き

裁判員の参加する過程

起訴	公判前整理手続	審理	評議	判決
	裁判官、検察官、弁護人が集まって話し合い、審理での争点を明確にしたり、証拠をしぼりこんだりする	検察官と弁護人が法廷でそれぞれの主張をする。裁判員と裁判官は双方の主張を聞いて、必要に応じて質問をする	裁判員と裁判官は評議室で、被告人が有罪かどうか、有罪ならどのような刑罰にするか話し合い（評議）、決定する（評決）。意見がまとまらない場合は多数決で決定するが、多数側に裁判官が1人以上含まれている必要がある	裁判員と裁判官は法廷にもどり、裁判長が被告人に判決を言いわたす

裁判員の選任

裁判員は満20歳以上の国民の中からくじと面接で選ばれる。裁判によっては，裁判の途中で裁判員の欠員が出たときのために、補充裁判員も選ぶ

取り調べの可視化と被害者参加制度

「えん罪」とは、罪を犯していないのに犯罪者として罰せられることだ。罪を無理やり認めさせるなどの行きすぎた捜査が原因でえん罪が生まれ、いったん有罪の判決を受けた人がやり直しの裁判、再審によって無罪になった例もある。

そこで、正しい捜査がおこなわれたかどうかをあとで確認できるように、警察や検察では、取り調べの一部を録画・録音するという、「取り調べの可視化」が始められている。可視化とは、見て確認することができるようにするという意味だよ。

また、刑事裁判が被害者の気持ちを十分考えておこなわれることも大切だ。このため、一部の事件では、被害者が被告人や証人に質問できる、被害者参加制度などが設けられている。

少し くわしく

📖 被害者参加制度

犯罪事件の被害者の希望によって、刑事裁判に参加できるという制度です。2008年に一部の重大事件の裁判に導入されました。この制度を使うと、証人や被告人に質問をおこなうことができます。被害者保護を目的とした制度ですが、被害者の参加が判決に影響を与えるのではないか、と心配する声もあります。

テーマ ③1 三権の関係

三権分立

これまで学んできたように、日本の政治は、**立法権を持つ国会、行政権を持つ内閣、司法権を持つ裁判所**の、3つの機関を中心におこなわれている。日本は、国の権力を3つに分けて、それぞれ独立した機関に役割を担当させる三権分立という仕組みを採用しているんだ。この三権分立によって、国の権力がひとつの機関に集中するのを防ぎ、国民の自由や権利が守られているんだよ。

また、立法、行政、司法の三権はたがいに力が大きくなりすぎないようにバランスを保つ関係にある。ジャンケンのグー、チョキ、パーのような関係で、どれかひとつの力が大きくならないような仕組みになっている。

■ 国会

　国会は内閣に対して内閣総理大臣を指名して、衆議院は内閣不信任決議をおこなうことができる。これは国会が内閣を抑制する仕組みだ。裁判所に対しては、弾劾裁判所を設けて、問題のある裁判官を辞めさせることができたよね。これは国会が裁判所を抑制する仕組みだ。

■ 内閣

　内閣は国会に対して、国会の召集を決定して、衆議院の解散をおこなうことができる。これは内閣が国会を抑制する仕組みだ。裁判所に対しては、最高裁判所長官を指名して、その他の裁判官を任命する権利がある。これは内閣が裁判所を抑制する仕組みだ。

■ 裁判所

　裁判所は国会に対して、国会が定めた法律に対する違憲審査をおこなう。違憲審査とは、法律が憲法に違反していないかを審査することだよ。これは裁判所が国会を抑制する仕組みだ。内閣に対しては、行政機関が定めた命令、規則や行政処分の違憲・違法審査や行政裁判をおこなう。違法審査というのは……、もうわかるね。そう、命令や規則が法律に違反していないかを審査することだね。これは裁判所が内閣を抑制するための仕組みだ。

　そして、じつは国民も三権を抑制しているよ。国会に対して、国民は選挙で国会議員を選ぶことで、主権者として国会をコントロールしている。内閣に対しては、世論をとおして政策に影響を与えている。裁判所に対しては、最高裁判所の裁判官が適切かどうか国民審査をおこなっている。

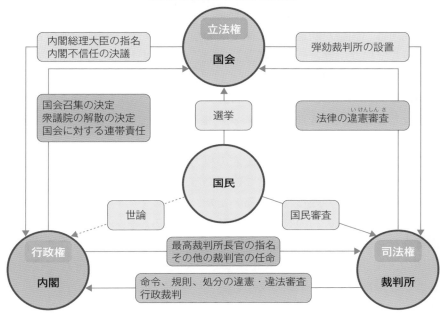

三権の抑制と均衡の関係

少し くわしく

📖 国民審査

　最高裁判所の裁判官は、就任後に初めておこなわれる総選挙と、前回の審査から10年後の直近の総選挙ごとに、満18歳以上の国民の投票によって審査されます。とは言っても、裁判官のマスコミ報道は少ないこともあり、国民の関心は低く、国民審査によって辞めさせられた裁判官はまだいません。

違憲審査制

　裁判所は、国会が制定する法律や内閣がつくる命令、規則、処分が憲法に違反していないかどうかを審査しているんだったね。この違憲審査をする制度を違憲審査制という。

　特に最高裁判所は、法律などが合憲（憲法に合っている）か違憲（憲法に違反している）かを決める最終決定権を持っていることから、「憲法の番人」と呼ばれているよ。

　違憲審査制は、憲法によって政府の権力を制限し、国民の人権を保障するという立憲主義の考えにもとづいている。これによって、憲法が国の最高法規であることが守られている。ただ、これまでの判決では、合憲か違憲かという判断そのものを控える姿勢がみられる。そのため、裁判所は違憲審査をもっと積極的におこなうべきだという意見もあるよ。立法、行政、司法の三権が正しくバランスを保っていくためには、それぞれが役割をしっかり果たしていく必要がある。

地方自治

> 地理の勉強を通じて学んだように、日本には47の都道府県があって、それぞれの特色がある。気候や人口構成も異なるので、地域ごとの課題もそれぞれだ。だから、地域の課題を解決するのにふさわしい人は、地元住民だ。
>
> そこで、地域の課題を解決して、住民がより快適な生活ができるようになるためには、住民自身によって運営される地方公共団体の働きが大きく生活にかかわってくる。条例を定めたり、高校を設置したり、公園をつくるのも地方公共団体の役割だ。そんな地方公共団体には国会のような地方議会、内閣総理大臣のような首長が存在していて、国の政治によく似ているよ。

この章の ポイント！

「地方自治」のキーワード
❶ 地方自治　　　**❷** 地方公共団体
❸ 地方議会　　　**❹** 二元代表制

理解を深めるエッセンス★☆

地方公共団体は、地方自治によって地域に住む住民がよりよい生活をするための仕事をしている。地方公共団体のトップを「首長」という。

テーマ **32** 地方自治と生活

地方自治とは

僕らの日々の暮らしは、ふだんあまり意識しないけど、それぞれが住んでいる地域の社会にもとづいている。また、各地域の課題は、気候や人口構成などによっても異なる。

地域の課題を解決して、住民がハッピーな毎日を送るためには、住民の意思にもとづいて地域を運営していくこと、住民による自治が必要だ。これが**地方自治**だよ。すべてを国に任せずに、地方でできることは、地方でおこなうということだね。

　地域を運営していくための主な団体が、**地方公共団体**（地方自治体）だ。地方公共団体には、都道府県、市町村、特別区などがあるよ。

少し くわしく 📖 特別区

　東京都の23区を指しています。地方自治体で市とほぼ同じ自治の権限を持っています。札幌市、横浜市などの政令指定都市にも区がありますが、こちらは市の一部であり、地方公共団体としての権限は持っていません。2012年に制定された法律により、東京23区以外の大都市でも特別区を設けられるようになっています。

　このように、それぞれの地域は住民自身によって運営されるべきもので、そのために国から自立した地方公共団体をつくるという原則が、日本国憲法によって保障されている。これをなんというか、もう知ってるね。そう、地方自治だ。

　地方公共団体の組織や運営については、地方自治法という法律に定められている。地方自治は、人びとの暮らしに身近な民主政治の場なので、「**民主主義の学校**」と呼ばれているよ。

国と地方公共団体の役割

　国と地方公共団体には、役割分担がある。国は、外交、防衛、司法などのような国際社会における日本の立場にかかわる仕事や、公的年金のような全国的な規模や視点でおこなわれる仕事などを重点的に担当している。

　一方、地方公共団体は、住民の生活に結びつく仕事をしている。

　たとえば、小中学校や公民館、図書館、福祉施設の管理、消防の仕事や家庭ごみの収集なども、地方公共団体である市町村や特別区の仕事だ。複数の市町村や特別区にまたがる仕事などは、都道府県などが担当する仕事だ。

　このように、地方公共団体は多くの仕事をおこなっているんだけど、そ

のために必要となるお金は、国からの補助にたよってきた。また、本来は国がやるべき仕事を地方公共団体が国の代わりに引き受けておこなうことが多く、逆に、地方公共団体の判断でおこなうべき仕事に、国がかかわることもあったんだ。

このような状況を改めて、それぞれの地方公共団体が独自に活動できるように、1999（平成11）年に地方分権一括法が成立して地方自治法が大きく改正された。これ以降、国の多くの仕事が地方公共団体に任せられるようになって、現在でも、**政治をおこなう権限、仕事やお金を国から地方に移す**地方分権が進んでいるよ。

ところで、「地方分権」の反対をなんというか知っているかな。歴史で勉強しているはずだよ。「中央集権」といって、国の中央政府に権力を集めることだ。古代の日本や明治政府が進めた政策だったね。

テーマ ③③ 地方自治の仕組み

地方議会

国の政治に国会があるように、地方公共団体にも議会（地方議会）が置かれている。都道府県議会や市（区）町村議会などだ。

地方議会の議員、地方議員は、地元住民から直接選挙で選ばれる。それぞれの地方議会には、地方公共団体の規模に合わせて数人から数十人の議員がいて、地域に住んでいる人たちの意見を反映することが期待されているよ。

地方議会は**地方公共団体の「法」である「条例」**を定め、地方公共団体の予算の議決などをおこなう。条例や部署は、地方公共団体が、法律の範囲内で自由に決められることになっているよ。だから、地域それぞれの特徴に合わせて、身近な生活にかかわるいろいろなものがつくられているんだ。

なかには、和歌山県みなべ町の「梅干しでおにぎり条例」とか、三重県紀勢町の「キューピット条例」など、とてもユニークな条例があるから、

調べてみるのもおもしろいと思うよ。「情報化」社会に生きているキミたちなら、スマホやタブレットで簡単に調べられるでしょ?

全国の地方公共団体のユニーク部署の例

部署名	担当する仕事
お結び課 (佐賀県武雄市)	結婚を希望する独身男性女性の縁結び
お困りです課 (兵庫県芦屋市)	市民の意見・要望・苦情の受け付け
富士山課 (山梨県富士吉田市)	世界遺産である富士山に関する観光業務
りんご課 (青森県弘前市)	特産品のりんごの生産振興や消費拡大
市民の声を聞く課 (北海道札幌市)	市政や日常生活の相談の受け付け

[佐賀県武雄市の「お結び課」]

首長

　さて、都道府県知事と市(区)町村長は、地方公共団体の長(首長)にあたる。国の内閣総理大臣が国会で指名されるのに対して、**地方公共団体の首長は、住民から直接選挙によって選ばれる。**このように、**住民が首長と地方議員の2種類の代表を選ぶこと**を二元代表制という。これは地方自治の特徴だ。

　首長は、地方公共団体の予算案をつくって地方議会に提出したり、地方議会によって議決された予算を実施したり、地方の税金を集めたりする仕事をする。なかには国の政治よりも進んだ政策や、ほかの地方公共団体には見られない独自の取り組みをおこなうなど、首長が指導力を発揮する例もあるよ。

　地方公共団体の議会と首長も、国会と内閣の関係と同じように、たがいにおさえ合って、力のバランスを保つ関係にある。

　首長は、**議会が議決した条例や予算を拒否して審議のやり直しを求**

めたり、**議会を解散したりすることもできる**。これは首長の議会に対する抑制の仕組みだ。

これに対して、議会は**首長の不信任決議をおこなうことができる**。これは議会の首長に対する抑制の仕組みだね。

地方自治の主な仕組み

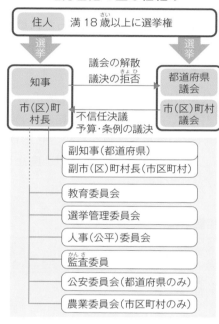

住民の選挙権と被選挙権

	選挙権	被選挙権
市(区)町村長	18歳以上	25歳以上
都道府県の知事	18歳以上	30歳以上
都道府県・市(区)町村議会の議員	18歳以上	25歳以上

直接請求権

　地方自治では、地元住民の意思をより強く反映するために、首長や地方議員を選挙するだけでなく、住民による直接民主制の要素を取り入れた直接請求権が認められている。

　直接請求権？　国の政治のときには出てこなかった言葉ですね。首長に直接なにかを請求する権利のことですか？

　そうだよ。たとえば、首長や議員の仕事に問題があると判断したら、住民は署名を集めて住民投票を求めることができる。住民投票の結果、過半数の同意があれば、リコールといって、その首長や議員を辞めさせたり、議会を解散させたりすることができる。新たな条例をつくったり、廃止したりするように求めることもできるんだ。

住民の直接請求権

	必要な署名	請求先
条例の制定・改廃の請求	有権者の $\frac{1}{50}$ 以上	首長
監査請求	有権者の $\frac{1}{50}$ 以上	監査委員
議会の解散請求	有権者の $\frac{1}{3}$ 以上*	選挙管理委員会

取りあつかい 住民投票をおこない、その結果、有効投票の過半数の同意があれば解散する。

解職請求 議員・首長 副知事・副市(区)町村長、各委員	$\frac{1}{3}$ 以上*	選挙管理委員会 首長

取りあつかい 議会の議員・首長については、住民投票をおこない、その結果、有効投票の過半数の同意があれば解職される。

*有権者が40万人を超える場合は、40万人の $\frac{1}{3}$ に、40万人を超える人数の $\frac{1}{6}$ を足した数以上。有権者数が80万人を超える場合は、40万人の $\frac{1}{3}$ に、40万人の $\frac{1}{6}$ と80万人を超える人数の $\frac{1}{8}$ を足した数以上。

テーマ 34　地方財政の仕組み

地方財政

　地方公共団体が収入を得て、それを支出する経済活動のことを**地方財政**という。

　そして、**政府（国と地方公共団体）が1年間に使うお金のことを歳出**といって、この歳出の約6割が地方公共団体によるものだから、地方財政の規模は非常に大きいといえるね。

　地方公共団体の収入の源、財源には、それぞれの地方公共団体が独自に集める自主財源と、国などから支払われる依存財源がある。

　自主財源には、地方公共団体が集める**地方税**などがある。それでも、地方公共団体が1年間に得るお金、歳入のうち、地方税からの収入は約4割にとどまっている。支出と収入では、国と地方の割合が逆転しているわけだ。

　そこで、地方税などでまかなえない分を依存財源で補っている。依存財源には、**地方公共団体の間の財政格差をおさえるために国から配分される地方交付税交付金**、**義務教育や道路整備など特定の費用の一部について国が負担する国庫支出金**、**地方公共団体の借金である地方債**などがあるよ。

　地方公共団体が使うお金は、なるべくその地方公共団体が集められるようにしている。2007（平成19）年に、人びとが国へ納める税金、国税を減らすかわりに、都道府県や市（区）町村へ納める地方税を増やすことによって、国の税金収入を地方公共団体の税金収入に移すことがおこなわれた。あわせて、国から地方公共団体に支出される地方交付税交付金や国庫支出金も減らされるんだ。

都道府県の歳入（予算額）とその内訳
（平成30年度　各都道府県HPより作成）

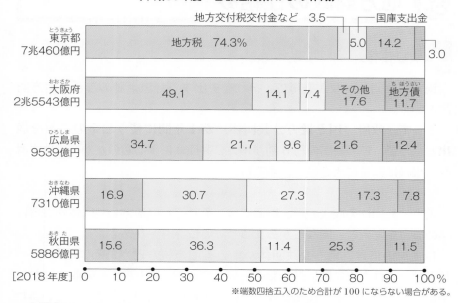

地方交付税交付金など　3.5 ── 国庫支出金

東京都
7兆460億円 … 地方税　74.3%　5.0　14.2　3.0

大阪府
2兆5543億円 … 49.1　14.1　7.4　その他 17.6　地方債 11.7

広島県
9539億円 … 34.7　21.7　9.6　21.6　12.4

沖縄県
7310億円 … 16.9　30.7　27.3　17.3　7.8

秋田県
5886億円 … 15.6　36.3　11.4　25.3　11.5

[2018年度]　0　10　20　30　40　50　60　70　80　90　100%

※端数四捨五入のため合計が100にならない場合がある。

地方債の発行残高の推移（総務省「地方財政白書」平成30年版ほかより作成）

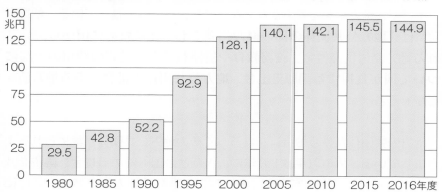

年度	発行残高（兆円）
1980	29.5
1985	42.8
1990	52.2
1995	92.9
2000	128.1
2005	140.1
2010	142.1
2015	145.5
2016年度	144.9

地方公共団体の財政健全化

　ここ数年、日本の経済が落ち込んでいて、地方税の収入が減っている。そこで、さらに地方債にたよるようになるなど、地方公共団体は財政難に苦しんでいる。それぞれの地方公共団体は、地方公務員の数を減らすなど

して、財政の立て直しに努力しているんだ。

　地方債の発行額があまりに大きくなると、地方公共団体は収入のほとんどを、借金を返すために使わなければならなくなる。そうなると、地方公共団体にとって住民のため必要な仕事ができなくなってしまう。

　そこで、国は2007年に自治体財政健全化法を制定して、基準よりも財政状態が良くない地方公共団体には、できるだけ早く改善するようにうながしている。特に状態が悪化した地方公共団体については、国の監督のもとで立て直しをするようにしているよ。

テーマ 35 住民参加の拡大

住民の意見

　地方公共団体では、住民の意見を生かすために、いろいろな工夫がされている。たとえば、原子力発電所や在日アメリカ軍のヘリポート施設、産業廃棄物処理場などの特定施設の建設や、市町村の合併など地域の重要な問題について、法律による力はないけれども住民投票によって住民全体の意見を明らかにしようという動きがある。

　また、地方公共団体が政策をおこなうときに、対象となる住民から意見を聞いたり、住民どうしの議論をうながしたりすることもある。地方公共団体がきちんと仕事をしているかどうかを住民が監視できるように、情報公開制度を整備するところも増えてきた。

　地方公共団体から独立した人や組織が、住民の苦情を受け付け、調査をおこなう「オンブズパーソン制度」というものを導入しているところもあるよ。

少しくわしく　オンブズパーソン制度

　行政に対する国民の苦情を処理したり、行政が適正におこなわれているかを監視したりする人のことをオンブズパーソンといいます。オンブズマンやオンブズとも呼ばれています。日本では1990年に神奈川県川崎市が初めて導入しました。

住民運動の広がり

　ところで、地域の公共の仕事をおこなうのは地方公共団体だけではないんだ。たとえば、自治会（町内会、町会）がある。自治会には多くの地域住民が加入しているから、快適に住むことができる地域づくりに大きな役割を果たしているよ。

　住民が自分たちで積極的に活動するボランティアも広がっていて、環境、福祉、災害時の支援など、いろいろな分野で地域活動をおこなっている。1995(平成7)年の阪神・淡路大震災のときに多くのボランティアが活躍して、この年は「ボランティア元年」と呼ばれたんだよ。

　また、利益目的ではなく、社会貢献、公共のために活動する団体はNPO（非営利組織）と呼ばれている。1998(平成10)年には特定非営利活動促進法（NPO法）が制定されて、NPOによる社会貢献活動を助ける仕組みが整えられている。

地域社会

　現在、僕らが住む地域には、少子高齢化の対応や環境対策など、いろいろな課題がある。人口がどんどん減っている過疎地域では町おこしや村おこしが、地方都市の中心部では商店街や公共交通の活性化などが課題になっている。また、東日本大震災の被災地の復興、そして災害から人びとを守るまちづくりも忘れてはならない。

　こうした地域の課題を解決して、「持続可能な社会」をつくるために、今僕らに何ができるのか、一人ひとりが主体的に考えて行動することが、ますます大切になってくる。

第4部

経済編

消費生活と経済

　　ここからは経済の勉強だ。経済に対して、政治と同じように難しいもの、というイメージを持っているかもしれない。でも、経済は中学生のキミにとっては政治よりも身近だ。だって、店で何かを買うことだって、経済の一部だからだ。物を買うことを「消費」、買う人のことを「消費者」という。

　　そして、将来就職して、人びとにお金を介して物やサービスを提供する側になれば、「生産者」となる。この「生産」と「消費」のサイクルのことを「経済」という。

　　また、物を買うにあたっては、売り手にだまされないための知識を持つことも大切だ。この章での学習を通じて、賢い消費者になってほしい。

この章の ポイント！

「消費生活と経済」のキーワード
❶ 財とサービス　　　❷ 生産と消費
❸ 流通と商業

理解を深めるエッセンス★★

経済は財やサービスを生産者が消費者に提供し、それを消費者が買う（契約する）ことで成り立っている。その商品の流れを「流通」という。

テーマ **36** 消費生活

日常生活と経済活動

僕らは、日常生活でいろいろな商品を購入している。

食べ物や衣類、本や電化製品など、**形のある商品**は**財**と呼ばれる。そ

れに対して、電車やバスに乗ったり、レストランで食事をしたり、塾で授業を受けたりするなど、**形のない商品**を**サービス**というよ。僕らはいろいろな財やサービスを消費することで、生活を便利で豊かなものにしている。

一方、僕らが消費する財やサービスは、農家や工場、店などが生産している。生産と消費は、僕らが財やサービスに対してお金を支払って、店などがそれを受け取るというように、お金のやり取りでつながっている。このような、**生産者が商品をつくって、消費者がお金を支払って商品を受け取るという仕組みを**経済というんだ。

人間の欲求は、「今よりもっと便利に」「もっと豊かに」と、限りがない。友達がスマホを手に入れると、自分もほしくなる。おしゃれな服を着たいし、おいしいものも食べたい。でも、僕らはすべての欲求を満たすことはできない。そこで、限られた収入と時間の中で、本当に必要な商品かどうかを選択していく必要がある。

店やインターネット上には、いろいろな商品があふれていて、しかも、新しい商品が次つぎと出される。僕ら消費者は、それらの商品の性能や仕組みをすべて理解するのは不可能だ。それで、僕らは広告にたよりがちになって、企業の出す情報をそのまま信用して商品を購入することも多くなる。だから、**消費者が自分の意思と判断で適切な商品を選び出して購入すること**ができる、消費者主権を実現していきたいよね。

生産と消費

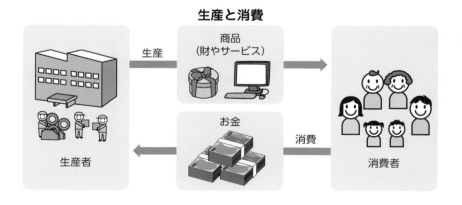

生産

商品
（財やサービス）

生産者

お金

消費

消費者

家計の収入と支出

個人や家族などで、消費生活を営む単位を家計という。

家計は収入を得て、それをいろいろな目的で支出する。会社員や公務員の家計では給料が、農家や個人商店の場合は事業で得た利益が主な収入で、所得という。支出のうち、衣食や娯楽、教育、医療など、**生活に必要な財やサービスへの支出**を消費支出というよ。

そして、収入から消費支出と税金などを差し引いた残りを貯蓄という。貯蓄は銀行預金や保険料の支払いなどにあてられ、将来の支出への備えになる。限られた収入でやりくりするには、消費と貯蓄のバランスをうまくとっていきたい。

さまざまな所得

給与所得

会社などで働いて
得る所得

事業所得

事業をおこなって
得る所得

財産所得

土地などの財産によって
得る所得

ところで、支払いには現金のほかいろいろな方法がある。手元に現金がなくても買い物ができるクレジットカードや電子マネーなどは便利なものだ。

それだけに、金額をよく考えずに商品を買い込んでしまうと、あとで支払いに追われ大変なことになってしまう。僕らは収入と支出について考えながら、計画的に消費生活をする必要がある。

クレジットカードの発行枚数と利用額の推移
（2018年度日本クレジット協会資料ほかより作成）

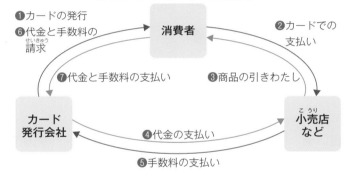

クレジットカードの仕組み

❶カードの発行
❻代金と手数料の請求

消費者

❷カードでの支払い

❼代金と手数料の支払い

❸商品の引きわたし

カード発行会社

❹代金の支払い

小売店など

❺手数料の支払い

消費生活と契約

僕らの消費生活は、契約によって成り立っている。

契約って、契約書を交わすことって思うかもしれないけど、それだけではないよ。たとえば、コンビニエンスストアでの買い物など、いちいち売買契約書を交わさなくても、売り手と買い手の間で、何をいくらで売買するか、合意が成立していることになる。このような当事者間での合意も契約になるよ。

社会では、個人の意思で自由に契約することができる。だれと、どのような内容の契約を、どのような方法で結ぶのかは、基本的に自由だ。これ

を<ruby>契約<rt>けいやく</rt></ruby>自由の原則と言う。

　いったん契約を結ぶと、契約を結んだ当事者にはそれを守る義務が生まれる。勝手な都合で契約を取り消すことは、基本的に許されない。だから、契約を結ぶときには、その内容を<ruby>慎重<rt>しんちょう</rt></ruby>に検討しないと後で大変なことになる。

日常生活のさまざまな契約

スマホで通信する

水を使う

テレビをつける

高校に入学する

契約（売買契約の場合）

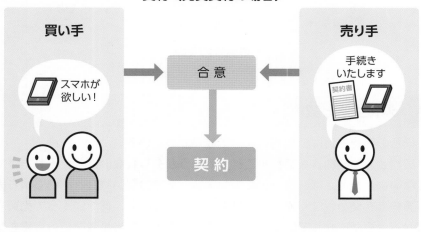

買い手

スマホが欲しい！

合　意

↓

契　約

売り手

手続きいたします

契約書

消費者問題

消費者が契約内容について正確に判断するのは難しい。売り手はその商品についての知識や情報を十分に持っているけど、消費者はそうとは限らない。消費者は売り手の出す情報にたよることになる。

たとえば、食品を買うとき、消費者は食品表示に書かれている原材料や生産地、食品添加物などの表示でしか知ることができない。もし、その食品表示に書かれていることがうそでも、気づくことは難しいよね。このように、消費者が売り手に対して不利な立場にあることが原因で、消費者が不利益をこうむることがある。食品や医薬品による健康被害、欠陥住宅、詐欺などの消費者問題の多くはこのように起こっているんだ。

消費者主権を確立するためには、契約自由の原則に任せるだけでなく、国や地方公共団体が消費者の権利を守っていくことが重要だ。

消費者からの相談の受付件数の推移とその内訳
（2016年国民生活センター）

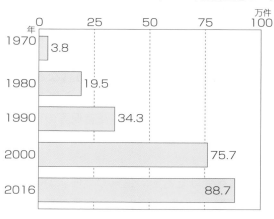

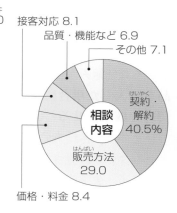

消費者問題が深刻化すると、消費者は消費者団体をつくって、企業に抗議したり、行政に対応を求めたりする消費者運動を活発におこなうようになった。こうして、消費者主権を確立して、健康で文化的な生活を送るこ

とができるようにするためには、消費者の権利をしっかり保障すること
が必要だという考え方が強まった。1962(昭和37)年には、アメリカのケ
ネディ大統領が「消費者の四つの権利」を初めて明確にかかげて、諸外国
の消費者行政に大きな影響を与えたよ。

消費者の権利

■消費者の四つの権利(1962年　ケネディ大統領)
❶安全を求める権利　❷知らされる権利
❸選択する権利　　　❹意見を反映させる権利

■消費者の権利(2004年　消費者基本法)
❶安全の確保　　　　❷選択の機会の確保
❸必要な情報の提供　❹教育の機会の提供
❺消費者の意見の反映　❻消費者被害の救済

[ケネディ大統領]

消費者問題への行政の対応

　日本では、1960年代に消費者問題が大きな社会問題になって、本格的
な消費者行政が始まった。1968年には、日本の消費者政策の基本理念を
定めた消費者保護基本法が制定され、これを受けて、消費者を保護するい
ろいろな仕組みが整えられた。たとえば、**訪問販売や電話勧誘などで商
品を購入した場合に、購入後8日以内であれば消費者側から無条件で
契約を取り消せる**という**クーリング・オフ**制度も、消費者保護の仕組み
のひとつだ。各地方公共団体には、消費者相談や情報提供をおこなう消費
者センターが設置されたよ。

　その後、欠陥商品で消費者が被害を受けたときの企業の責任について定
めた製造物責任法（ＰＬ法）や、契約上のトラブルから消費者を保護す
る消費者契約法などの法律も制定された。

　2009(平成21)年には、政府のいろいろな省庁に分かれていた消費者行
政をひとまとめにするために、消費者庁が設置されている。

　消費者保護基本法は、2004年に消費者基本法に改正された。

製造物責任法（PL法）による裁判例

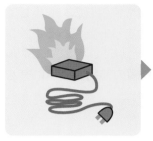

スマホを充電したら発火して、全治1か月のやけどを負った。

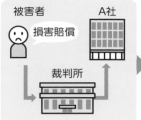

被害者は製造物責任法（PL法）にもとづき、メーカーを裁判所に訴え、損害賠償を請求した。

裁判所は製品の欠陥を認め、メーカーに50万円の賠償金を支払うことを命じた。

病気が治りますよ！

普通のビタミン剤

日当たりが良い家ですよ！

数年後隣にビルが建つ

コンスタントに受注できますよ！

依頼は来ない

購入してもらえるまで、帰りません！

商品

契約していただけるまで、帰しませんよ！

契約書

消費者契約法によって契約を取り消せる例

このように不当な契約は、契約してから5年以内、違法であることに気づいてから6か月以内であれば取り消すことができる

　改正前の法律は、消費者が被害にあったあとに、国や地方公共団体が消費者を助けるという考え方だったんだけど、それだけでは消費者の権利を十分に守れないと考えるようになったんだ。そこで、改正後の消費者基本法では、消費者の権利を明記するとともに、国や地方公共団体に、法律や仕組みを整備したり、情報開示を進めたりすることで、消費者が被害にあうことなく、自立した消費生活を送ることができるようにサポートする責任があると定めたんだ。

その一方で、僕ら消費者も、権利とともに責任を負っていることを忘れてはならない。**自立した消費者**として、進んで知識や情報を広く収集して、的確な判断力を身につけて、それにもとづいて行動する必要があるよ。

また、僕らの消費生活が引き起こす重要な問題として、資源やエネルギーの消費による環境汚染（かんきょうおせん）やごみ問題がある。資源の節約、環境に気をつけることは、消費者としての責任でもあるんだよ。

テーマ 38 商品の流通

商品が届くまで

僕らは商品を製造業者や産地から直接購入（こうにゅう）するのではなく、コンビニエンスストアやスーパーマーケットなどの小売業者から購入することが多い。**小売業者は、僕たち一般の消費者に商品を売る人たち**のことだよ。さて、では小売業者はどこから商品を仕入れるのだろうか。

魚や野菜などの生鮮食品（せいせん）の場合には、産地から運ばれた魚や野菜は魚市場（いち）や青果市場でせりにかけられ、せり落とした小売業者の店先に並べられる。

「せり」と「せり落とし」ですか？　なんだか聞きなれない言葉です……。

うん、「せり」というのは「競り」（せ）と書くんだけど、**ほしい人が競争して品物を買う方法**だ。

日本全国から市場に運ばれてきた魚や野菜は、まだ値段が決まっていない。そこで、魚屋さんや八百屋さんが集まって、運ばれてきた品物を「ほしい」と思ったら、「買いたい」と思う値段をつける。いちばん高い値段をつけた人だけが、その品物を買うことができるのが「せり」という方法だ。「せり落とした」というのは、いちばん高い値段をつけて買うことができた、ということだ。

工業製品などの場合には、卸売業者が製造業者と小売業者の間に入って、小売業者は卸売業者から商品を仕入れる。**卸売業とは、生産者から商品を大量に仕入れて、小売業に売る業者のことで、問屋ともいう**よ。ちなみに、輸入品の場合には、商社や輸入代理店が問屋の役割を果たしている。

　こうして、**生産された商品が卸売業者や小売業者を経て消費者に届くまでの流れ**を、商品の流通という。商品の流通を専門的におこなうのが、卸売業や小売業で、これらを商業というんだよ。

野菜が生産者から消費者に届くまで

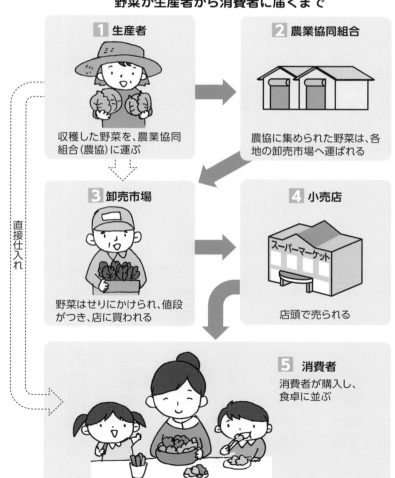

1 生産者
収穫した野菜を、農業協同組合（農協）に運ぶ

2 農業協同組合
農協に集められた野菜は、各地の卸売市場へ運ばれる

3 卸売市場
野菜はせりにかけられ、値段がつき、店に買われる

4 小売店
スーパーマーケット
店頭で売られる

5 消費者
消費者が購入し、食卓に並ぶ

直接仕入れ

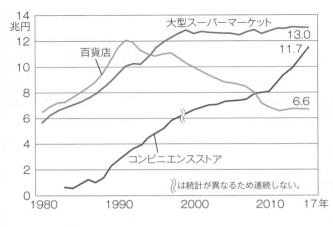

百貨店、大型スーパーマーケット、コンビニエンスストアの販売額の推移（経済産業省「商業動態統計」ほかより作成）

流通の合理化

　商品の生産者は各地で生産活動をしているので、生産地と消費地は離れていることが多い。そこで、商業の役割が重要になってくる。もし、消費者が生産者から直接商品を買おうとしたら、そこにどのような商品があるのかを調べるだけでも手間がかかって、輸送費や人件費などの費用（コスト）もかかるでしょ。卸売業や小売業などの商業の活動は、このような費用や手間を省くうえで重要な役割を果たしているんだよ。

　ただ、流通の仕組みが複雑になると、かえって効率が悪くなり、商品が高くなりすぎて、売れなくなってしまう。そこで、卸売業者や小売業者は、人手を省き、費用をおさえるために、流通の合理化を図っている。

　たとえば、資金力のあるスーパーや家電量販店などの大規模小売業者は、商品を生産者から直接仕入れることで、流通費用をおさえようとしている。フランチャイズ店やチェーン店では、たくさんの商品をまとめて仕入れることで、費用を安くおさえているよ。

　商業には原材料や、物流といって、商品などの物の流れがともなう。近年では、情報通信技術（ICT）の発達によって、原材料の調達から生産、製品の貯蔵、配送、販売までの物流を、コンピューターを使って効率よくまとめて管理できるようになっている。

少し くわしく

📖 フランチャイズ店、チェーン店

　フランチャイズは、コンビニエンスストアなどで採用されている事業形態です。本部が持っている商標（ブランド名）を加盟店（フランチャイズ店）が使用して商品を販売する代わりに、加盟店は本部に商標使用料を支払います。本部は少ない費用で事業を拡大でき、加盟店は初めから知名度のある商標（ブランド）を使って事業を運営できるという利点があります。

　チェーン店は企業(きぎょう)が直接運営する店で、直営店を複数展開して事業を広げる事業形態によるものです。

　また、売り手と買い手をインターネットでつなぐAmazon（アマゾン）などのインターネット・ショッピングは、流通を短縮するだけでなく、商品を手もとに保管しておく費用を大幅(おおはば)に節約できるということで、どんどん広がっている。情報社会と呼ばれる理由のひとつだね。

流通の合理化

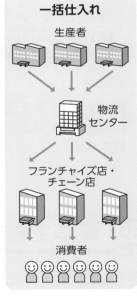

生産と労働

　企業（きぎょう）が商売によってもうけたお金で、生産するための「資本」と、機械や設備、労働者を増やして生産力をパワーアップさせて、さらにもうけを大きくしていくのが資本主義経済だ。

　企業のもうけに合わせてそこで働く人の収入も増える。その人たちの収入が増えればより多くの、より高い物やサービスを買うから、今度はそれを提供する企業のもうけが増えて……というように、どんどん経済規模が大きくなっていくという流れだね。その流れを加速させるのが株式だ。

　もちろん、実際にはそんなプラスのサイクルになるのは難しく、いろいろな問題も発生しているんだ。

この章の ポイント！

「生産と労働」のキーワード
❶ **資本主義経済・株式会社**
❷ **労働三法（労働基準法・労働組合法・労働関係調整法）**

理解を深めるエッセンス★★

企業が生産活動を通じて資本を拡大させていく仕組みが資本主義経済。そこでは企業の社会的責任が生じ、労働者の権利を守る必要がある。

テーマ ③⑨ 資本主義経済

資本主義経済の仕組み

　経済の基本は「生産」と「消費」だったね。この２つのうち、「生産」を担当しているのが企業だ。

企業は土地、設備、労働力をもとに、いろいろな財やサービスを生産する。企業の生産活動の最大の目的は、利潤の獲得、わかりやすくいうと、"もうけること"だ。生産活動のもととなる資金は資本と呼ばれ、この資本という言葉から、日本の経済は資本主義経済と呼ばれるよ。

　企業は生産活動のほかに、利潤を増やすために工場の拡大などの設備投資をおこなっている。さらに、研究、開発をおこなって、より多くの財や、価値のあるサービスを生産する努力をしている。

　このような企業の活動は、画期的なすごい技術を生み出すことがある。これを技術革新というよ。

　技術革新は、スマホやタブレット端末、掃除ロボットなど、今までとはまったく違う商品を生み出したり、生産にかかる費用を大きく引き下げたりすることで、その企業に大きな利潤をもたらし、経済を大きく成長させる原動力にもなっているんだ。

企業の生産活動

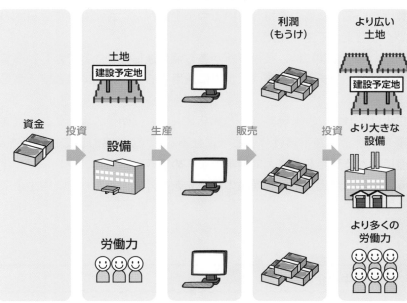

資本主義経済の企業

　ところで、資本主義経済でも、すべての企業が利潤を目的としているわけではない。水道やガス、公立病院などは、国や地方公共団体が資金を出して運営する公企業で、**利潤目的ではなく、公共の目的のために活動**する。これに対して、**利潤を目的としている企業は私企業**と呼ばれているよ。

　企業は、資本金やそこで働く従業員の数によって、**大企業**と**中小企業**に分けられる。さて、この大企業と中小企業、どちらが多いと思う？

企業の主な種類

私企業	個人企業	農家、個人商店など
	法人企業	株式会社など
公企業	地方公営企業	水道、都市交通など
	独立行政法人	造幣局、国立印刷局、国立科学博物館など

　じつは、**日本全体の約99％は中小企業**なんだ。その中小企業が全出荷額の50％近く、全従業員数の70％を占めているよ。日本には、大企業に負けない高い技術力を持っている中小企業がたくさんあって、日本のものづくりを支えてきたんだ。

　また、中小企業には、技術革新が進む情報通信分野などで新しい事業を立ち上げるベンチャー企業や、世界に通用する先端技術で成長する企業もある。

　日本はこれまで、自動車会社と部品メーカーの関係のように、大企業の仕事を中小企業が下請け（代わりに仕事をして）、協力して技術を高め、生産にかかる費用をおさえて競争力を高めてきた。近年、グローバル化が進み、海外に進出したり、商品の販売先を海外に求めたりする中小企業も増えているよ。

少し **くわしく** 中小企業

　製造業などでは資本金3億円以下、または従業員300人以下、卸売業では1億円以下、または100人以下、サービス業では5000万円以下、または100人以下、小売業では5000万円以下、または50人以下の企業を中小企業といいます。

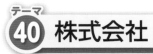

株式会社

株式会社の仕組み

　企業は"公企業"と"私企業"に分けることができたね。そのうちの私企業はさらに、農家や個人商店などの「個人企業」と、複数の人びとが資金を出し合ってつくる「法人企業」に分けられる。

　法人企業のなかでも代表的なものが株式会社だ。**株式会社は株式を発行し、購入してもらうことで広く集めた資金をもとに設立**される。株式を買ってもらうことで、より多くの資金を集めて、より大きな規模の仕事をすることができるわけだ。

　株式を購入した人を出資者、株主と呼び、企業の利潤の一部を配当として受け取ることができる。また、株主総会に出席して経営方針などについて議決することもできる。株主が受け取る配当の金額や議決権は、持っている株式の数に応じて決まるよ。

　株主は企業の経営に直接かかわるわけではなく、経営は専門的な知識や経験を持つ経営者（取締役）に任せることになる。もし経営がうまくいかない場合は、株主総会で経営者を交代させることもできる。株式会社が倒産しても、株主は出資した金額以上の負担は負わないことになっているよ。これを有限責任制という。

株式会社の仕組み

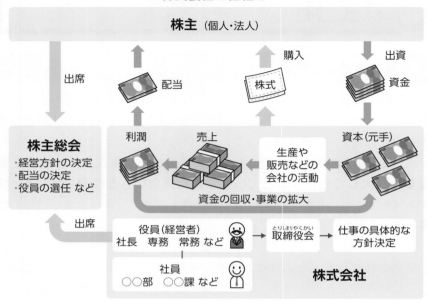

株価の変動

　株式会社から発行された株式は、買い手が会社から購入（こうにゅう）するだけでなく、人びとの間で売買される。特に、資産や利益額、経営の安定性など一定の条件を満たした企業（きぎょう）の株式は、証券取引所（しょうけんとりひきじょ）で売買される。

　日本の主な証券取引所は、東京（とうきょう）、名古屋（なごや）、福岡（ふくおか）、札幌（さっぽろ）にあるよ。証券取引所での取り引きは、一般的に証券会社を通じておこなわれるんだ。証券取引所では、売買を通じて株式の価格である株価（かぶか）が決まって、株式を売買したい人はその株価を参考にするよ。

結局、何のために株を買ったり、売ったりするんですか？

それは主に、株価の変動や配当によって、利益を得るためだよ。

株価は、その企業が今後どのくらいの利益を上げるのかという見通しや期待によって決まる。

たとえば、ある企業が画期的(かっきてき)な商品を開発すると、今後その企業の利益が増加するのではないかという見方が強まって、多くの人がその企業の株式を購入しようとするよね。そうすると、株価は上がる。逆に、その企業の業績が悪化しそうな出来事が起こると、株価が下がる前にできるだけ早く株式を売ろうという人が多く出てくる。そうすると、株価がますます下がるわけだ。

株価は人びとの期待や不安を反映して変化する。だから、その企業の実際の業績よりも大きく上がり下がりするという現象が見られるんだよ。

企業の社会的責任

企業の規模が大きくなるにつれて、企業の活動が社会に与える影響(えいきょう)も大きくなっていく。

企業が地域社会に与えた大きなマイナスの影響のひとつとして、公害がある。一方で、教育や文化、環境(かんきょう)保全などで積極的に社会貢献(こうけん)をおこなう企業も増えている。現代では、企業は利潤(りじゅん)だけを追い求めるのではなく、企業の社会的責任(シーエスアール)(CSR)を果たすべきだと考えられているよ。

企業は、企業活動において法令を守って、情報を公開することはもちろん、消費者、株主、従業員、取り引き先、地域社会などいろいろな関係の中で、いろいろな役割と責任を果たしていくことが求められている。そのことが、企業の持続的発展にもつながっているんだ。

労働者の権利

労働者は働くことで賃金を得て、それをもとに生活する。人びとが働くのは、単に収入を得るためだけではない。仕事をとおして夢や理想をかなえたり、多くの人といっしょに働くことをとおして、社会に参加したりすることも、労働の大切な目的だ。

また、職業に就くということは、労働によって生産活動に参加するということだともいえる。ひとりの労働者が生み出すことのできる財やサービスは限られているけれど、それぞれの労働者が役割分担をすることで、社会全体で必要な財やサービスを生み出すことができるわけだ。職業に就いて働くということは、このような社会の役割分担に参加するということでもあるんだよ。

ところで、資本主義経済では、労働力も売買されるひとつの商品だ。労働者は雇い主である使用者に労働力を提供して、その見返りとして使用者から賃金を受け取る。賃金や労働時間などは、原則として労働者と使用者との間で、契約として自由に取り決める。

労働者は使用者に対して立場が弱い。だから、労働者一人ひとりがばらばらに使用者に交渉したのでは、不利な条件になりがちだ。そこで、労働者は労働組合を結成して、労働条件の改善を使用者に要求するようになったんだ。国も、労働組合を結成したり、労働争議をおこなったりすることを労働者の権利として認め、法律で保障するようになった。代表的な法律は次の3つで、**労働三法**と呼ばれるよ。

ひとつめは**労働基準法**。賃金や労働時間、休日などの労働条件についての最低限の基準を定めている。次に、**労働組合法**。**団結権、団体交渉権、団体行動権という労働三権**を保障している。そして、**労働関係調整法**。労働者と使用者の争いの解決が、自主的、平和的に進むようにする法律だよ。

整理
しよう！

62ページでも勉強した「労働三権」は労働者の3つの「権利」である労働基本権のことだよ。

一方、「労働三法」は労働者の権利を守るための「法律」のことだ。労働「基」準法、労働「組」合法、労働「関」係調整法だから、それぞれの頭文字をとって、「労働者の言うことを『聞くか』」→「き・く・か」と覚えよう。

主な国の年間労働時間の推移
（経済協力開発機構2020年発表資料ほかより作成）

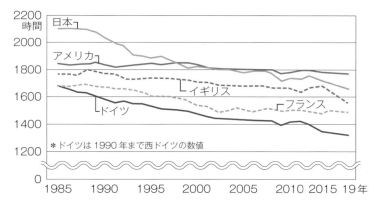

労働者と使用者の関係

労働者
（家計）

労働
（契約）

労働力の提供

賃金の支払い

労働条件に
ついての
交渉など

使用者
（企業）

労働組合

労働基準法の主な内容

労働者と
使用者は対等

男女同一賃金

労働時間は
週40時間
1日8時間以内

少なくとも
週1日の休日

労働条件の改善

労働時間の短縮は、労働条件を改善するための第一歩だ。近年では労働時間が短くなって、週休2日制を採用する企業が一般的になっている。それでも、日本の労働時間は先進工業国の中で長いほうだ。労働時間を減らして、育児休業や介護休業などを充実させることで、仕事と家庭生活や地域生活を両立する**ワーク・ライフ・バランス**を実現することが課題になっている。

ニュースなどでは、長時間労働で過労死してしまったり、ストレスから自殺してしまったりする事件が報じられているよね。職場の安全管理が十分でないために、生産現場などでの事故もよく起きている。このような**労働災害**をなくしていくことが重要な課題になっているんだ。

テーマ 42 多様化する労働

能力主義の導入

かつての日本は、学校を卒業して企業に就職し、同じ企業で定年（引退する年齢）まで勤め続けるという**終身雇用**が多く見られた。賃金が年齢とともに上がっていくという**年功序列賃金**だったので、労働者は人生の計画を立てやすかった。

でも、今ではグローバル化と技術革新によって、雇用のあり方が大きく変化している。

年功序列賃金にかわって、個人の能力や仕事の成果を基準にして賃金などを決定する、「能力主義」や「成果主義」を導入する企業が多くなった。労働者側も、自分の能力をより発揮できる仕事を求めて転職する人や、勤めていた企業を辞めて、自分で事業を始める人も増えてきているよ。

現在、日本の労働者の約4割がアルバイト、パート、派遣労働者、契約労働者などの**非正規労働者**だ。非正規労働者は、正規労働者と同じ仕事をしても賃金が低く、昇進・昇級も望めない。また、経済状況の悪化で雇

雇用形態の種類

正規労働者 （正社員）		期間の定めのない労働契約の労働者
非正規労働者（非正社員）	パート・アルバイト	1週間の所定労働時間が通常の労働者よりも短い労働契約の労働者
	契約労働者 （契約社員）	短期間（原則3年以内）の労働契約の労働者
	派遣労働者 （派遣社員）	人材派遣会社と労働契約を結び、他の企業に派遣されて働く労働者

雇用のセーフティネット

雇用保険	就職相談
職業訓練	生活保護

い止めになる場合もあって、安定した生活をするのが難しい場合も多い。

　労働者と使用者の関係において、正規労働者よりもさらに弱い立場の非正規労働者に対して、社会全体で、生活保護や職業訓練などのセーフティネット（安全網）を整備していくことが必要だ。

外国人労働者

　近年、グローバル化にともなって、日本で働く外国人労働者が増加している。これまで日本では、外国人労働者の受け入れを、職業上の特別な技能を持つ人や、教育や研究にたずさわる人に限定してきたんだけど、1990年代にはブラジルなどの日系人の受け入れを広げて、外国人労働者が増加した。

　一般的に外国人労働者の賃金は低く、労働環境は厳しく、雇用は経済状態に大きく左右されがちだ。外国人労働者を少子高齢化と人口減少が進む日本で不可欠な労働力として、受け入れ態勢を整えていくのか。それとも、これまでどおり受け入れを制限していくのか。日本は今、大きな選択を迫られているんだ。

市場経済と金融

> 芸能人やお笑い芸人って、流行があるよね。特に、急に人気が出て有名になった芸人が、数か月もするとテレビにまったく登場しなくなってしまうのはよくあることだ。それは、見ている人が飽きて関心がなくなってしまうからだ。これを経済の世界では、需要の変化という。
>
> 商品が売り買いされる場を「市場」といって、どれくらい商品があるか、どれくらいそれをほしい人がいるかという供給と需要の変化で値段が変わってくる。たとえば、キャベツひと玉が150円のときもあれば、400円以上するときもある。ガソリンスタンドの値段の表示も日々変化する。野菜には野菜市場、原油には原油市場というように、それぞれの市場があるわけだ。このような市場で売買されることを市場経済というよ。

この章の ポイント！

「市場経済と金融」のキーワード
❶ 市場経済　　❷ 金融
❸ 景気（インフレーション・デフレーション）

理解を深めるエッセンス ★★

市場経済では需要と供給のバランスで価格が決まる。景気は好景気と不景気がくり返され、それに合わせて物価も変化する。その変化を操作するのが日本銀行の金融政策だ。

テーマ **43** 市場経済の仕組み①

市場経済の仕組み

商品が売り買いされる場のことを、市場という。ここでいうのは「い

ちば」でなく「しじょう」だよ。市場や商店、デパートなども商品が売買される場だけど、市場（しじょう）というときには、商業施設ではなく、**特定の商品が自由に売買される場の全体**を指す。

　たとえば、野菜には野菜市場、原油には原油市場、労働力という商品には労働力市場がある。いろいろな市場があみの目のように張りめぐらされた僕らの経済は、市場経済とも呼ばれているよ。

　次に、市場経済における商品の価格について説明しよう。

　僕ら消費者は何かを買うときには価格を見て、買うかどうか、買うならどれくらい買うかを判断するよね。この**買おうとする量を**需要量という。生産者も価格を見て、**売ろうとする量を**決める。これを供給量という。一般的に、**価格が上がると、需要量は減って、供給量は増える**。たとえば、野菜が高くなると買う人が減って、売る人が増える。逆に価格が下がると、需要量は増えて、供給量は減る。安くなれば買いたい人は多くなるし、売る人は安く売りたくないから、あまり売らなくなるわけだ。

　こうしたことから、商品の価格は需要量と供給量の関係で変化する。需要量が供給量を上回っている場合、つまり**商品の量に対して「買いたい」と思う人がたくさんいる場合には価格が上昇する**。逆の場合、**商品の量に対して「買いたい」と思う人が少ない場合には価格が下落する**。あまっているものは安くなるし、レア（貴重）なものは高くなるわけだ。

整理
しよう！

混乱してきてないかな？　整理しよう！
● **「需要量＞供給量」**
　（商品の量に対して「買いたい」と思う人が多い）
　→価格は上昇
● **「需要量＜供給量」**
　（商品の量に対して「買いたい」と思う人が少ない）
　→価格は下落

需要量と供給量が一致すると、価格の変化がなくなって、市場は需要と供給のバランスがとれた均衡状態に入る。このときの商品の価格を均衡価格というよ。

市場経済における価格の働き

　消費者は、いろいろな商品の価格を見比べて、どの商品をどのくらい購入するかを決めて、生産者も価格の動きを見ながら生産する商品とその数量を決めるんだったね。

　たとえば、キャベツが不作で、価格が上昇しているときには、消費者はキャベツではなくてほかの野菜を購入しようと考える。反対に、生産者は、ほかの野菜の生産に使っていた労働力、土地、資金などの生産資源を、高値で売れるキャベツの増産にあてるわけだ。

　市場経済の価格を**市場価格**といって、この価格が上下することで、**人びとがほしがっている商品は多めに、あまり必要とされていない商品は少なめに生産される**ことになる。信号が色を変えて人や車の動きを調整するように、価格が上がり下がりすることで、労働力、土地、賃金などの生産資源の流れを調節して、それぞれの商品の生産に適量が使われるようにするわけだ。

　このように、市場経済では、価格の働きによって、生産資源が無駄なく効率的に利用されているんだ。

独占価格

　価格は、**需要量と供給量のバランスで変化する**ということだったね。ただ、農産物や魚介類などの価格はすぐに変化するけど、工業製品の場合は貯蔵がきくから、需要量と供給量が価格に反映されにくい傾向があるよ。

たしかに、工業製品は農産物や魚介類とは違って貯蔵がききますね。でも、需要量と供給量が価格に反映されにくいと何か問題があるんですか？

問題は……大いにあるよ。

価格が商品の需要量や供給量を反映しなくなると、生産資源が品不足の商品の生産に回らず、逆に不要な商品のために、よけいな生産資源が使われることになりかねない。僕ら消費者にとっては、ほしい商品が品切れで買えなくなったり、やたら高い価格になったりすることになるんだ。

価格の働きがうまく機能しなくなる原因のひとつとして、独占と寡占が挙げられる。独占は**市場で商品を供給する企業が1社だけ**の状態を指すよ。ただ、「もうかるなら、うちでも売ろう」とほかの会社がまねし始めることが多いから、実際には独占よりも寡占のほうが起こりやすい。寡占とは、**市場で商品を供給する企業が少数**の状態を指すよ。

市場経済では本来、多くの企業が価格や品質で競争する。それが、独占や寡占の場合、競争が弱まって、ひとつの企業だけの判断で、または少数の企業が、もうけを大きくしようとして、価格や生産量を決めることになりがちだ。歴史で勉強した、「座」や「株仲間」みたいなものだ。これは現代社会では「カルテル」という。少数の企業が集まって、「会社どうしで競争してももうけが減るから、**価格や生産量を相談して決めることで、もっともうけよう**」とすることだ。そうして決まった価格を独占価格と呼ぶよ。

価格競争が弱まると、消費者は競争が活発な場合と比べて、不当に高いお金を支払うことになって、不利益をこうむる。そこで、独占をなくし、公正な自由競争をうながすために、独占禁止法が制定されている。その運用にあたっているのが公正取引委員会で、独占禁止法にもとづいて、不当な価格協定や不公正な方法での取り引きなどを監視している。

ただ、市場経済であっても、すべての価格が市場で決められるわけではなく、そうしないほうがいいものもある。

たとえば、水道などの料金は、大きく変わると**生活に大きな影響が出てしまう**よね。そこで、このような生活に不可欠なものの価格（料金）は公共料金と定められ、国や地方公共団体が決定したり認可したりしているよ。

テーマ
44 市場経済の仕組み②

貨幣の役割と金融

　市場での売買は知ってのとおり、紙幣や硬貨などの貨幣（通貨）を使っておこなわれる。

　かつて貨幣は金や銀でつくられて、材料自体に価値があったけど、現在の貨幣は材料そのものに価値があるわけではない。国の信用を裏づけにして流通しているわけだ。僕らは貨幣を使って、時間や場所にしばられずに、生産と消費を結びつけることができている。

　商品を買うためのお金は、必ずしも手持ちのお金である必要はない。銀行などでお金を借りることができれば、必要な商品を買うことができる。車や家など高価な商品を購入するときや、企業が設備投資をおこなうときは、銀行などからお金を借りるのが一般的だ。

　お金の貸し借りは、資金が不足していて借りたいと思っている人と、資金に余裕があって貸したいと思っている人の間で成立する。このように、**資金が不足している人と余裕がある人との間でお金を融通すること**を金融というよ。

少し くわしく　紙幣のはじまりと変遷

　もともと紙幣は金や銀の「預かり証」でした。その預かり証があれば、いつでも金や銀に交換できたので、やがて預かり証が紙幣になりました。

　19世紀になると、中央銀行が受け入れた金を元に紙幣を発行するようになりました。金本位制といいます。それが1929（昭和4）年の金融恐慌をきっかけにして、金に交換することが世界各国で中止されました。現在流通している紙幣は、国が貨幣として通用することを認めて、その信用をもとに流通しています。これを管理通貨制度といいます。

金融の方法と働き

金融にはいろいろな方法がある。

まず、**企業などが株式や債券を発行することで出資者から直接資金を借りること**を、直接金融という。それに対して、**銀行などをとおして資金を集めること**を間接金融というよ。

たとえば、証券会社のwebサイトでA社の株を買ったら、それはA社に出資したことになる。これは債券でも同じだね。このようにお金を出す人と、お金を受け取る企業が直接結びついているお金の流れが「直接金融」だ。

一方、僕らが○○銀行に預金すると、それは○○銀行にお金を貸したことになる。○○銀行は僕らから借りたお金を、A社などの企業に貸す。「また貸し」というものだね。このように銀行などの金融機関がお金を出す人と、お金を受け取る企業の間に入ることで結びついているお金の流れが「間接金融」だよ。かつて日本の金融は間接金融が中心だったけど、近年では直接金融の重要性が高まってきている。

金融は、経済全体の資金の流れをスムーズにすることで、家計や企業の経済活動を助ける働きがある。多くの家計が所得の一部を貯蓄しているのに対して、企業は生産活動のために大きな資金を必要としている。金融は、家計の貯蓄などを、資金を必要としている企業や家計に融通して、生産活動や消費活動がとどこおりなくおこなわれるようにしているんだ。

逆に、金融がうまく機能しないと、経済に悪影響をもたらす。近年では情報化とグローバル化によって金融の規模が大きくなっている。金融が経済全体に与える影響も、大きくなっているんだよ。

少し くわしく 債券

債券とは、お金を借りたときの証明書のことです。国・地方公共団体が発行する国債・地方債、企業が発行する社債などがあります。債券は株式と同じように売買されます。

直接金融と間接金融の仕組み

直接金融の実際の取り引きでは、証券会社が貸し手と借り手の間に入り、売買を仲介することが一般的

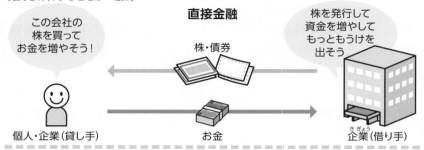

直接金融

この会社の株を買ってお金を増やそう！

株を発行して資金を増やしてもっともうけを出そう

株・債券

個人・企業（貸し手）　　お金　　企業（借り手）

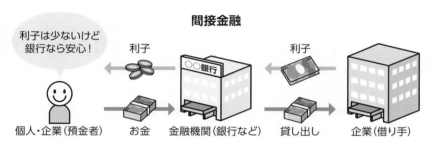

間接金融

利子は少ないけど銀行なら安心！

利子　　利子

個人・企業（預金者）　お金　金融機関（銀行など）　貸し出し　企業（借り手）

銀行の仕組みと働き

さっき、間接金融は銀行などをとおして資金を集めることだと説明したね。それでは銀行という金融機関について少し学んでおこう。

銀行には都市銀行や地方銀行などの普通銀行や信託銀行、信用金庫、信用組合など、いくつかの種類がある。

それぞれの銀行はいろいろな仕事をしているけど、いちばん重要な仕事は、人びとの貯蓄を預金として集めて、それを家計や企業に貸し出すことだ。一人ひとりの預金額は少なくても、大勢の預金者から集めることで、銀行は多くの資金を貸し出すことができるわけだ。

資金の借り手は銀行に対して、借り入れた金額、元金を期限内に返すだけでなく、一定期間ごとに利子（利息）を支払う必要がある。元金に対

する利子の比率を金利（利子率、利率）というよ。銀行は、貸し出し先から利子を取って、預金者には利子を支払う。貸し出し金利は預金金利を上回るようにして、その差を銀行が得ているわけだ。

また、僕らは銀行で、銀行振り込みなどを利用して支払いをすることができる。これを為替という。為替は、離れた土地へ送金する手段として利用される。この銀行振り込みなどの手数料も銀行の収入になっているよ。

金融機関の種類

中央銀行		日本銀行
民間金融機関	預金取扱金融機関	普通銀行（都市銀行、地方銀行など） 信託銀行 信用金庫、信用組合、労働金庫、 農業協同組合、漁業協同組合など
	その他の金融機関	生命保険会社、損害保険会社 消費者金融機関 証券会社など
公的金融機関		日本政策投資銀行、日本政策金融公庫、国際協力銀行など

為替の仕組み

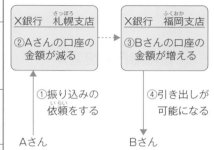

預金通貨

銀行の預金を使うと、いろいろな支払いができる。たとえば、公共料金やクレジットカード代金の支払い、企業からの給料などの支払いは、多くの場合、銀行の預金でおこなわれる。

もちろん、預金を使って支払うといっても、同じ金額の紙幣などの現金が預金口座の間を移動しているわけではないからね。預金口座の数字が書きかえられるだけだ。

このように、僕らが預金で支払うということができるのは、預金そのものが貨幣（通貨）だからだ。現代の社会では、銀行などの預金、すなわち**預金通貨**も、紙幣や硬貨などの**現金通貨**と同じように、貨幣としての役割を果たしている。……というより、そもそも預金通貨は、日本で出回っている貨幣全体の9割以上を占めているんだよ。

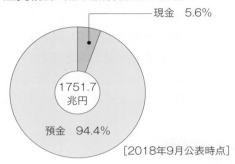

通貨統計（日本銀行資料より作成）

現金　5.6%

1751.7
兆円

預金　94.4%

[2018年9月公表時点]

日本銀行の役割

　「銀行の銀行」、そして「政府の銀行」である、中央銀行という特別な働きをする銀行についてもふれておこう。

　世界の国は、中央銀行を持っている。日本の中央銀行は日本銀行（日銀）で、いろいろな役割を果たしている。

　まず、日本銀行は、発券銀行として千円札、二千円札、五千円札、一万円札を発行している。これらのお札は日本銀行から発行されているから、日本銀行券というんだよ。

　また、政府の資金を預金として預かって、その出し入れをおこなっている。政府の銀行といえるわけだ。そして、一般の銀行に対しては、資金の貸し出しや、預金の受け入れをおこなっている。銀行の銀行、というわけだね。日本銀行に口座を持つのは、政府と一部の金融機関に限られているよ。

少し　くわしく
日本の現金通貨

　日本の現金通貨のうち、日本銀行券は国立印刷局、硬貨は造幣局で造られています。日本銀行券は毎年約30億枚も印刷されています。これは、新たに発行する分に加えて、古くなって傷んだ紙幣と交換する分があるためです。一万円札は平均4〜5年、よく使われる千円札と五千円札は平均1〜2年程度使われるといわれています。

[造幣局]

景気と政策

　景気とは、経済活動が活発かそうでないかという点から見た、経済全体の動きのことを意味する。

　好景気（好況）のときは、商品がよく売れて、企業の生産が増え、給料が高くなって家計の所得が増えるから、商品がよく売れて……というプラスのサイクルが生まれる。

　逆に、不景気（不況）のときは、商品が売れなくなって、企業の生産が減り、給料が減って家計の所得が減るから、商品が売れなくなって……というマイナスのサイクルが生まれる。好景気と不景気は、社会全体の需要量と供給量の動きに応じて、交互にくり返される。これを景気変動というよ。

　好景気のときは、消費が拡大して、商品の需要量が増える。需要量が供給量を上回ると、**物価が上がり続ける**インフレーションという状態が起こる。いわゆるインフレというやつだ。でも、商品が売れるからといって生産しすぎて供給しすぎると、今度は商品が売れなくなって企業の業績が悪化して、景気が後退する。

　不景気になると、需要量が供給量を下回って、**物価が下がり続ける**デフレーションという状態が起こることがある。これが、いわゆるデフレというやつだ。企業の利益が減るから賃金の引き下げにもつながって、家計の所得が減少してしまう。さらに**物価の下落と企業利益の減少が連続して起こる状況をデフレスパイラルという**よ。

　デフレによって、不景気で供給量が減って、需要量とのバランスが取れてくると、企業はまた生産を増やして、景気が回復して好景気へと向かう。好景気、不景気はくり返されるんだ。

デフレスパイラル

※デフレスパイラルとは、物価の下落と
企業利益の減少が連続して起こる状況

商品が売れない

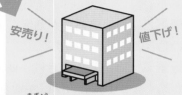

安売り！　値下げ！

企業（きぎょう）は値下げして売ろうとして、
売上・利益が下がる

今月の美容室は
ガマンね……

社員の給料が下がって
家計が厳しくなる

商品が売れなくなる

安売り！　値下げ！

企業はさらに値下げして
売ろうとして、
売上・利益がさらに下がる

お昼は
節約しよう……

社員の給料がさらに下がる

少し くわしく

物価

　物価とは、いろいろな商品の価格をひとまとめにして平均したものです。物価が上がると企業や家計が同じ金額で購入（こうにゅう）できる商品の量が減り、下がると購入できる量が増えます。消費者が購入する商品の物価を消費者物価といい、家計の支出で重要な約600の商品の価格をもとに算出されます。

日本銀行の金融政策

物価の急な変動は、家計や企業に大きな影響を与える。

物価が急に上がると、家計は生活に必要な商品を購入できなくなるし、企業も材料などを手に入れるのが難しくなる。だから、日本銀行は、物価の変動をおさえて、景気の安定を図るために、金融政策をおこなっているよ。

日本銀行の金融政策は、主に公開市場操作（オペレーション）という方法が採られる。日本銀行は不景気のとき、銀行が持つ国債などを買い上げて、代金を銀行に支払う。国債とは国の借金のことで、借金の証書として発行された紙（債券）のことでもある。

さて、日本銀行が銀行の国債を買うと、銀行は手もとに貸し出せる資金ができるから、企業などに積極的に貸し出そうとして、貸し出し金利を引き下げる。企業は資金を借りやすくなって、生産活動が活発になり、景気は回復に向かう……というわけだ。

好景気になりすぎているときは逆に、日本銀行は銀行に国債などを売って、代金を受け取る。銀行は手持ちの資金が減るから貸し出しに慎重になって、貸し出し金利を引き上げる。企業は資金を借りにくくなって、生産活動が縮小されて、景気がおさえられる……というわけだ。まあ、現実にはそんなうまくはいかないんだけどね。

日本銀行の金融政策（公開市場操作）

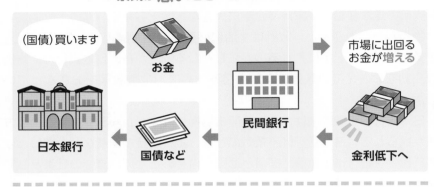

景気が**悪い**とき　買いオペレーション

景気が**良い**とき　売りオペレーション

戦後の日本経済

　さて、ここでちょっと日本の歴史の復習をしよう。

　戦後の日本経済は、好景気と不景気をくり返しながら、経済成長を続けてきた。

　戦後の復興政策によって回復した日本経済は、1955（昭和30）年から高度経済成長期に入ったと勉強したのは覚えているかな。そしてその後、1973年の石油危機によって経済成長率が低下したものの、ほかの先進工業国に比べると、依然として高い成長率を保っていた。1980年代後半には、地価や株価が急激に上昇するバブル経済になって、1991（平成3）年に崩壊した。それ以降、日本経済は長期低迷期に入っている。

第**13**章

政府の役割と国民の福祉

　　　政府は国民をよりハッピーにするために存在している。そのためには大きなお金が必要だ。だから、国は国民から税金というかたちでいったんお金を集め、できるだけ多くの国民をハッピーにするための使い道を話し合ったうえで、そのお金を使うことになっている。

　　すでに学んだように、日本は深刻な少子高齢社会に突入している。働いて税金を納める人の数が減って、年金などの社会保障を必要とする人の数が増えているわけだ。国の借金もふくらんでいる。

　　このような財政と社会保障についての理解を深めることは大事なことだ。なぜなら、これから社会人となって税金を納めていく、キミ自身の生活に大きくかかわってくることだからだ。

この章の ポイント！

「政府の役割と国民の福祉」のキーワード
❶ 予算（歳入・歳出）　　❷ 税金（直接税・間接税）
❸ 社会保障（社会保険・公的扶助・社会福祉・公衆衛生）

理解を深めるエッセンス ★

国は国民から税金を集め、それをどう使うかを見積もり、予算を組む。少子高齢社会において、社会保障と財政のあり方の問題が深刻化している。

テーマ **47** 財政

財政の仕組み

　政府の経済活動のことを**財政**という。

　政府は税金（租税（そぜい））によって収入を得て、社会保障や公共事業などで支出をおこなう。国民は、政府にいろいろな仕事を任せるかわりに、その費

用として税金を負担しているんだ。だから政府には、国民が必要としている仕事を確実に実行する責任があるわけだ。

　政府が本当に国民のための財政をおこなっているかどうかを確認する手段のひとつが予算だ。予算というのは、1年間の政府の収入（歳入）と支出（歳出）に関する計画だ。国会は、この予算を審議して議決することで、財政を監視している。国民も、主権者として、国会の予算審議や財政の動きに注目していく必要がある。

　ところで、何に対して税金をかけるか、税金を納める義務のある人はだれかということは、法律で決められている。

　税金の種類を大きく分けると、**国が集める**国税と、**地方公共団体が集める**地方税がある。また、**税金を納める人（納税者）と実際に税金を負担する人（担税者）が同じである**所得税や法人税のような税金を直接税という。消費税や酒税など、**税金を納める人と実際に税金を負担する人が異なる**税金を間接税というよ。

整理しよう！

消費税の納税者は販売者で、担税者は消費者だ。酒税の納税者は生産者、担税者は消費者だ。店で何かを買ったときに消費税を払うよね。でも、その消費税は国に直接支払うのではなく、買った店に払うでしょ。店が消費者から支払われた消費税を国に支払うので、消費税や酒税は間接税というわけだ。

国の一般会計予算
（財務省「令和2年度予算政府案」資料より作成）

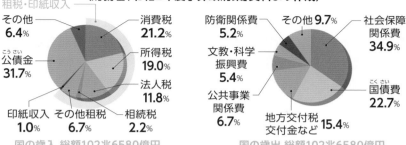

租税・印紙収入

その他 **6.4**%

消費税 **21.2**%

公債金（こうさい） **31.7**%

所得税 **19.0**%

法人税 **11.8**%

印紙収入 **1.0**%　その他租税 **6.7**%　相続税 **2.2**%

防衛関係費 **5.2**%

その他 **9.7**%

社会保障関係費 **34.9**%

文教・科学振興費 **5.4**%

公共事業関係費 **6.7**%

地方交付税交付金など **15.4**%

国債費（こくさい） **22.7**%

国の歳入 総額102兆6580億円

国の歳出 総額102兆6580億円

国民経済と政府

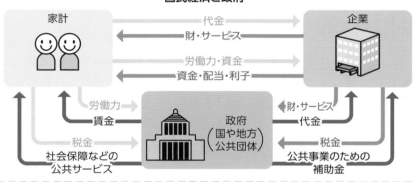

家計

企業

代金

財・サービス

労働力・資金

資金・配当・利子

労働力

賃金

政府（国や地方公共団体）

財・サービス

代金

税金

社会保障などの公共サービス

税金

公共事業のための補助金

主な税金

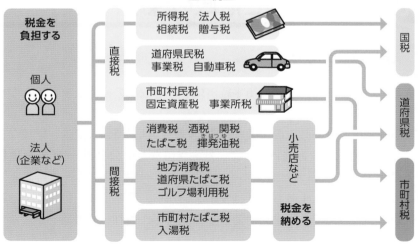

税金を負担する

個人

法人（企業など）

直接税

所得税　法人税
相続税　贈与税

道府県民税
事業税　自動車税

市町村民税
固定資産税　事業所税

間接税

消費税　酒税　関税
たばこ税　揮発油税（きはつゆ）

地方消費税
道府県たばこ税
ゴルフ場利用税

市町村たばこ税
入湯税

小売店など

税金を納める

国税

道府県税

市町村税

東京都や特別区はそれぞれ道府県税、市町村税に相当する税金を課税しているが、市町村税に当たるものでも東京都が課税しているものもある

税金の公平性

　税金は、国民の間で公平に負担されなければならないものだ。そこで、所得税や相続税には、**所得が多くなればなるほど税金の割合を高くする累進課税**という方法が採られているんだ。たくさん給料をもらっている人やお金持ちほど多くの税金を支払ってもらい、そうでない人は税金の負担を軽くするということだ。

　これに対して、間接税である消費税は、その人の所得に関係なく、同じ商品を購入したら皆が同じ金額の税金を負担する必要がある。消費税は生活必需品にも課されるから、所得の低い人ほど所得に占める税金の負担が高くなる傾向がある。このことを税の逆進性というよ。

　また、政府の政策で、貯蓄や株式の購入、住宅の取得などを促進するために税金を軽くする優遇措置をおこなうことがある。これも行きすぎると公平性に問題が生じることになってしまう。

　税金の制度は、ひとつの方法ですべての人の不公平感、不公正感を解消するのは難しい。複数の方法をうまく組み合わせて考える必要があるんだ。

48 政府の役割と財政の課題

市場経済と政府

　さて、これまで学んできた市場経済における政府の役割をまとめながら復習しよう。

　市場経済における政府の重要な役割のひとつは、道路、港湾、学校などの**社会資本**や、治安の維持、教育、社会保障などの**公共サービスを供給する**ことだ。これらの社会資本やサービスは、国民の生活を維持するためには重要だけど、十分な利潤は生まないから、民間企業だけに任せることは難しい。そこで、税金を財源とする政府が、これらの供給をおこなうわけだ。

2つめの役割は、累進課税や社会保障、雇用対策を通じて、**国内の経済格差を改善して、だれもが「健康で文化的な最低限度の生活」を送れるようにすること**だ。

　3つめは、中央銀行の金融政策と協力しながら、歳入や歳出を通じて、**景気の安定を図ること**だ。

　このような役割に加えて、政府は独占や寡占の規制、消費者や労働者の保護、環境保全などのルールも定めて、民間企業に公正で安全な経済活動をうながす役割も果たしているんだったね。

財政政策

　歳入や歳出を通じて景気を安定させようとする政策を、財政政策という。

　不景気のとき、政府は公共事業への支出、**公共投資**を増やすことで民間企業の仕事を増やしたり、減税をして企業や家計の資金を増やすことで消費を増やそうとしたりする。

　逆に好景気のときには、公共投資を減らして民間企業の仕事を減らしたり、増税をして消費を減らしたりすることで、景気をおさえようとする。

整理しよう！

財政政策は政府がやるもので、金融政策は日本銀行がやるものだよ。財政政策はお金を稼ぎやすくしたり、稼ぎにくくしたりすることだ。金融政策はお金を借りやすくしたり、借りにくくしたりすることだ。

ところで、政府の収入は基本的には税金でまかなわれなければならないんだけど、税金だけでは足りない場合は、借金をすることになる。**公債**というものを発行する。公債を買ってくれた人からお金を集めて資金とするわけだ。国が発行する公債を**国債**というよ。地方公共団体が発行する公債を**地方債**というのはすでに勉強したね（p.121参照）。

　公債はお金を集めるための借金だから、政府は公債を買った人に、そのぶんの元金を返した上に利子を支払う必要がある。だから、公債は慎重に発行しなければならない。でも、日本の財政は税収不足を国債の発行で補う状態が続いていて、国債残高、つまり国の借金は年々増え続けている。

　国債の利子や元金を返すための費用がこのまま増え続ければ、財政にゆとりがなくなるし、将来のキミの子どもや孫に借金の負担を先送りにすることになってしまう。

> 国は必要なお金が足りなくなったら国債を発行して、お金を集めるわけですね。でも、それよりお札をもっと印刷して増やすほうが、簡単にお金が増えるような気がしますけれど……ダメでしょうか？

　そうすると、お金の流通量が増えすぎて、通貨の価値が下がってしまうんだよ。いわゆるインフレだ。

　第一次世界大戦後、ドイツの通貨価値が1兆分の1になったことがあった。今まで100円で買えたものが100兆円出さないと買えなくなるような事態が起こってしまったんだ。

　19世紀から20世紀にかけて、政府の役割は「小さな政府」から「大きな政府」へと変化して、財政の規模も拡大した。でも、財政規模の拡大に税金による収入の増加が追いつかず、21世紀になった現在、日本だけでなく、多くの先進工業国は財政の赤字が続いて、借金がとほうもない額になってしまっているんだ。

　これから政府の仕事を減らして「小さな政府」にしていくのか、それとも税金の収入を増やして「大きな政府」を保っていくのか、難しい選択をせまられているよ。

社会保障のおこり

　19世紀には、「貧困になる人は、そうなった本人の責任だから、社会がそのような人びとの手助けをするのは好ましくない」という考えが有力だった。

　でも、人びとの中には、けがや病気、または不景気で仕事がないために、働きたくても働けない人もいる。個人の努力だけではけがや病気、高齢化、失業などは避けることができないし、個人の貯えにも限界があるよね。

　このようなことは個人の責任ではなくて、社会の責任だとして、労働運動が起こるようになった。19世紀のドイツで、**生活が困難になったときに、個人にかわって国が生活の保障をおこなう**社会保障の制度が生まれたんだ。

　社会保障制度は、労働者の生活を保障する制度として始まって、だんだん保障の対象者が労働者以外にも拡大していく。そして、第二次世界大戦後のイギリスで初めて、全国民を対象に「ゆりかごから墓場まで」をめざす社会保障制度が確立するんだ。「ゆりかごから墓場まで」というのは生まれてから亡くなるまで、一生を保障するということだよ。

日本の社会保障制度

　日本国憲法第25条①では、「すべて国民は、健康で文化的な最低限度の生活を営む権利を有する」と生存権の保障について定めているのを覚えているかな。そして第25条②では、「国は、すべての生活部面について、社会福祉、社会保障及び公衆衛生の向上及び増進に努めなければならない」としている。

　日本の社会制度は、憲法のこれらの規定にもとづいて整備されてきた。第25条②の条文にある「社会保障」は公的扶助と社会保険を指しているから、**日本の社会保障制度は、社会保険、公的扶助、社会福祉、公衆衛生の４つを柱としている**んだ。

社会保険、公的扶助（ふじょ）、社会福祉（ふくし）、公衆衛生……。どれも似たような言葉に思えて、違いがよくわからないです……。

うん、ではそれぞれについて説明していくよ。

■ 社会保険

まず、社会保険は、**人びとが毎月、保険料を支払（しはら）って、病気になったり高齢になったりしたときに給付を受ける**、つまりお金をもらえるというシステムだ。病気になったときなどに一部だけの負担で治療（ちりょう）を受けられるのが医療保険、一定の年齢（ねんれい）に達したり、障がいを負ったりしたときなどにお金をもらえるのが年金保険だ。

ほかにも介護（かいご）が必要になったときの介護保険や、失業したときの雇用（こよう）保険、仕事でけがや病気をしたときの労災保険などがあるよ。日本では、1960年代の前半までに、すべての国民が医療保険と年金保険に加入する、国民皆（かい）保険と国民皆年金が実現しているよ。

■ 公的扶助

公的扶助は、「扶（たす）ける」と読む「扶」に、さらに「助」けるという字がついている言葉だ。生活に困っている人びとを助けることを意味している。

生活保護法にもとづいて、**生活が困難な人に生活費や教育費などを支給することによって、最低限度の生活を保障して、自立を助ける**システムだ。

■ 社会福祉

社会福祉は、**高齢者や障がいのある人、子どもなど、社会的に弱い立場の人びとを支援する**システムだ。

■ 公衆衛生

　公衆衛生は、**地域社会の環境衛生の改善や感染症の予防などによって、国民が健康で安全な生活を送れるようにする**ことだよ。各地方公共団体に設置されている保健所や保健センターが、地域の公衆衛生の仕事を担当しているんだ。

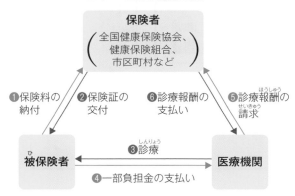

日本の医療保険制度

テーマ 50 少子高齢化と財政

少子高齢化と社会保障

　これまで何回も出てきたワード「少子高齢化」という社会現象は、社会保障のあり方に大きな影響を与えている。

　日本の総人口は、2005年から減り始めていて、その原因は約40年にわたって続いた少子化にある。日本の65歳以上の老齢人口は、1960年には5.7％だったのが、2010年には23.0％となり、2060年には39.9％になると予測されている。

　この予測のとおり少子高齢化が進んでいくと、仕事をする現役世代の人口が減って、税収と保険料収入は減っていくのに、老齢人口が増えていくので、年金などの社会保障の給付は増えていく。このような中で、社会保障をどのように充実させていくか、日本の大きな課題となっているんだ。

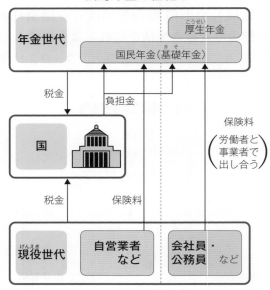

公的年金の仕組み

年金世代
　厚生年金（こうせい）
　国民年金（基礎年金）（きそ）

国

現役世代（げんえき）
　自営業者など
　会社員・公務員　など

税金　負担金　保険料（労働者と事業者で出し合う）　税金　保険料

　そこで登場したのが**マイナンバー**だ。マイナンバーというのは、日本に住民票がある人に発行される12桁の番号だよ。マイナンバーは、社会保障、税、災害対策の３分野で、複数の機関の個人情報をひとまとめに確認できるように取り入れられた。

　これまでは、行政機関や地方公共団体などそれぞれの機関で、それぞれの番号で個人情報が管理されていて、個人の特定が大変だった。それをマイナンバーという共通の番号を使うことで、保障を受けるなどの手続きを早く、正確にしようとしている。でも、今のところマイナンバーカード（マイナンバーが記載された顔写真付のカード）の普及率は２割程度。活用できているとはいえない状態だ。マイナンバーもまた、社会保障の課題のひとつだ。

社会保険の現在

　社会保険を大きく２つに分けると、**企業などに勤める人たちを対象**とする**健康保険や厚生年金**（こうせい）と、**自営業者やその家族などを対象**とする**国民健康保険や国民年金**がある。

2つの社会保険には格差があって、健康保険や厚生年金に比べて、国民健康保険や国民年金のほうが、手厚くないという傾向がある。このような制度間の格差をなくすために、保険どうしをまとめようとする動きがとられてきている。

　さらに、少子高齢化（こうれい）が進んでいることに対して、**介護保険制度**（かいご）と後期高齢者医療（いりょう）制度が導入されている。

　40歳以上の人が加入して、介護が必要になったときに介護サービスを受けられるのが介護保険制度だ。後期高齢者医療制度は、75歳以上の高齢者は独自の医療保険に加入するという制度だよ。

■ 福祉社会の実現に向けて

　社会保障と財政のあり方について、よく「高福祉（ふくし）高負担か、低福祉低負担か」という言い方がされる。

　「高福祉高負担」というのは、社会保障が手厚いかわりに、税金などの国民負担を大きくする考え方だ。スウェーデンなどの北ヨーロッパの国が採用している。

　それに対して、「低福祉低負担」というのは、社会保障は手薄（てうす）なかわりに国民負担を軽くするという考え方だ。アメリカなどが採用している。低福祉低負担の国では、医療保険や年金保険は民間の企業が担当して、人びとは自己責任でさまざまな場面に対する備えをすることが求められる。

　一方で、高福祉高負担のもとでは、経済活動がにぶって、経済成長が低くなるといわれているんだ。でも、北ヨーロッパ諸国は高福祉高負担でありながら、高い経済成長を保っている。それは、政府が労働者の教育や訓練をサポートして、成長産業への再就職をうながしているからなんだ。北ヨーロッパの人びとが高負担を受け入れているのは、それが社会保障をとおして、自分たちに返ってくることを実感しているからなんだね。

　日本は増えていく社会保障費をまかなうために、2014（平成26）年に消費税率をそれまでの5％から8％に、2019（令和元）年には10％に引き上げた。今後、社会保障の充実と経済成長をどのように両立させていくかが、大きな課題となっている。

第 14 章

これからの経済と社会

人間、いや、生物が生きるうえで必要なものって何だろう？　それは、空気と水だ。いくら高級な物を持っていても、大気と水が汚染された環境で生きていくのは困難だよね。そんなこと当たり前だって思うかもしれないけど、そんなことが本当にわかったのは、じつはつい最近のことなんだ。

企業が自然環境よりも生産活動を優先させた結果、四大公害病のようなひどい公害が発生したし、今でも排気ガスによる大気汚染や、廃棄物処理施設から排出されたダイオキシンによる土壌汚染が発生している。これからは、環境に無理のない、持続可能な社会をめざしていく必要がある。

この章の ポイント！

「これからの経済と社会」のキーワード
❶ 公害・循環型社会
❷ 貿易・為替相場（円安・円高）

理解を深めるエッセンス★

自然環境よりも経済発展を優先させると公害が発生し、結局は豊かな社会・生活から遠ざかってしまう。これからは、持続可能な循環型社会をめざす必要がある。

テーマ 51 公害の防止と環境保全

公害の発生と防止

企業の生産活動や人びとの日常生活にともなって生じる大気汚染、水質汚濁、土壌汚染、騒音などによって、地域住民の健康や生活がそこなわれることを、公害というのは知っているね。

戦後、日本が高度経済成長をとげるにつれて、日本各地で多くの被害者を生む深刻な公害が相次いで起こった。そのなかでも、熊本県や新潟県で発生した水俣病、富山県のイタイイタイ病、三重県の四日市ぜんそくは、四大公害病といわれている。

　被害が広がると、公害を批判する世論が高まって、公害追放を訴える**住民運動**が各地で展開されるようになる。四大公害病の被害者住民たちは企業を相手に次々と訴訟を起こして責任を追及して、裁判で被害者の住民側が勝訴する。勝訴というのは、訴えが裁判で認められ、有利な判決が下されるということだよ。

四大公害裁判

イタイイタイ病

被害地域	富山県神通川流域の住民
原告	イタイイタイ病患者
被告	三井金属鉱業
提訴	1968年3月
原因	水質汚濁
判決	1972年8月、患者側全面勝訴

新潟水俣病

被害地域	新潟県阿賀野川流域の住民
原告	水俣病患者、家族
被告	昭和電工
提訴	1967年6月
原因	水質汚濁
判決	1971年9月、患者側全面勝訴

水俣病

被害地域	熊本県・鹿児島県八代海沿岸の住民
原告	水俣病患者、家族
被告	チッソ
提訴	1969年6月
原因	水質汚濁
判決	1973年3月、患者側全面勝訴

四日市ぜんそく

被害地域	三重県四日市市の住民
原告	公害病認定患者
被告	石油化学コンビナート関連6社
提訴	1967年9月
原因	大気汚染
判決	1972年7月、患者側全面勝訴

公害批判の高まりを受けて、国や地方公共団体は公害対策に本格的に取り組むようになった。1967(昭和42)年には公害対策基本法が制定されて、公害問題や自然環境の保護を専門にあつかう官庁である環境庁が設置される。環境庁は現在、環境省となっているよ。こうして、公害の防止だけでなく、被害者の救済についても積極的な対策がとられるようになったんだ。

新しい公害と地球環境問題

　公害防止の努力によって、企業の生産活動による公害は少しずつ減っていった。でも、その一方で、道路や空港周辺の騒音や自動車の排気ガス、ごみ増加、排水による河川のよごれ、日常生活にともなって発生する公害が大きな問題になった。廃棄物処理施設から排出されて土壌などを汚染するダイオキシン問題などの新しい公害も社会問題になった。

　このような問題に対処するために、国は、1993(平成5)年に公害対策基本法を発展させた環境基本法を制定した。

　地球温暖化、熱帯雨林の減少、砂漠化など、地球規模での環境問題も、緊急に解決するべき問題となっている。国は、各国と協力しながら地球環境問題の解決に取り組んでいて、企業も省資源・省エネルギー型の製品の開発に力を注いでいる。できるだけ資源やエネルギーを節約しようとしているんだね。

　2000年には循環型社会形成推進基本法が制定されて、企業・行政・住民による循環型社会をめざした取り組みが進められているよ。

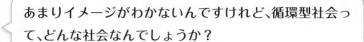

あまりイメージがわかないんですけれど、循環型社会って、どんな社会なんでしょうか？

　循環型社会というのは、3Rの徹底した社会のことだよ。3R、覚えてるかな？　ごみを「減らし（リデュース）」、まだ使えるものを「再び使用し（リユース）」、ごみを「再生利用する（リサイクル）」という3つの「R」を指すんだ（p.25参照）。

　循環型社会の実現には、まず、ごみをできるだけ出さない工夫をするなど、僕らの生活のあり方を変えていく必要があるよ。

テーマ 52 グローバル化する経済

貿易と為替相場

国と国との間でおこなわれる商品の取り引きを貿易という。

各国が有利な条件で生産できる得意な商品の生産に力を入れ、おたがいに得意な商品を輸出して、不得意な商品を輸入することで、それぞれの国が自国の暮らしをより豊かにすることができるということを第1章で学んだよね。このことを国際分業といった。

貿易を通じて、世界経済を発展させていくには、各国が協力し合って、国際協調を図っていくことが欠かせない。

ところで、外国と貿易をおこなったり、海外旅行をしたりするときには、日本の円を相手国の通貨に交換する必要がある。**通貨と通貨を交換する比率**を為替相場（為替レート）というよ。

ニュースなどで、1ドル＝108円とか、1ユーロ＝120円というのを見たことがあるでしょ。これは、外国通貨の1単位が日本円のいくらに当たるかを示したものだよ。

為替相場は世界経済の状況を反映して変化する。1ドル＝100円が1ドル＝90円になるときのように、**外国通貨に対して円の価値が高くなること**を円高という。逆に、1ドル＝100円が1ドル＝110円になるときのように、**外国通貨に対して円の価値が低くなること**を円安というよ。

為替相場の変動は、貿易に大きな影響を与える。たとえば、円高になると、日本の輸出企業にとっては不利になるけれど、輸入企業にとっては有利になる。だから、生産拠点の工場を海外に移転させようとする企業が増える。逆に、円安になると、輸出企業には有利になるけれど、輸入企業には不利になるよ。

円の価値の動きが、輸出・輸入企業（きぎょう）の有利・不利に
かかわってくるというわけですね？
でも、円高（えんだか）・円安（えんやす）が、どうして有利・不利につながるのか
よくわからないです……。

　たとえば、1台1万ドルで車を売るとしよう。1ドル＝100円であれば、
1台車が売れれば100万円の収入になるよね。でも、円高が進んで1ドル
＝90円になったとする。すると、日本円で考えたときの収入は90万円に
下がってしまうよね。だから収入を減らさないためには、車の値段を1万
ドルではなく、もっと高くしないといけなくなる。そうなると、売れ行き
が落ちてしまう。だから、円高は輸出企業に不利になるというわけだ。輸
入企業にとっては、今までよりも安く外国の商品を買えるようになるから
有利だけどね。

　一方、円安に進んで、1ドル＝110円になると、それまで1台車が売れ
れば100万円の収入だったのが、110万円の収入になる。輸出企業には有
利になる。輸入企業は今までよりも外国の商品が高くなってしまうから不
利になるというわけだ。

　海外旅行くらいなら、円安円高の影響（えいきょう）はたいしたことないかもしれない
けど、トヨタなどの大企業は、為替相場（かわせそうば）が1円変わるだけで、年間数百億
円の影響が出てしまうから大ごとだ。

円高と円安

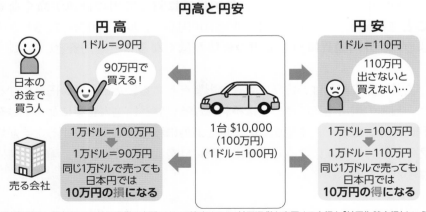

※為替相場は、銀行間での外国通貨の売買によって決定される。外国通貨を売買する市場を「外国為替市場」という

日本の貿易の変化

　戦後、もともと資源の乏しい日本は、**資源を輸入して国内の工場で加工して、工業製品を輸出するという加工貿易**を特徴として、輸出額が輸入額を上回る貿易黒字が続いていた。

　たとえば、安い鉄鉱石を輸入し、それを日本で鉄に製造して、高価な自動車をつくって輸出したわけだ。これによって、日本は国内の産業が成長して、働く人の場も増えてきた。

　でも、2008（平成20）年の世界金融危機以降の円高や、2011年の東日本大震災をきっかけにして、日本企業は、工場を中国や東南アジアなどの海外に移転を進めたり、部品調達先も海外企業に切りかえたりした。これによって、日本国内の工場が閉鎖され、技術者が仕事を失って、日本の生産技術力が落ちていくという「産業の空洞化」と呼ばれる現象が進んでしまった。近年は輸入額が輸出額を上回る貿易赤字が続いているんだ。

　こうした背景には、経済のグローバル化が進んで、広大な市場と安い労働力を求めて、多国籍企業の海外展開が世界的に加速していることも挙げられる。このような世界経済の動きにどう対応していくかは、現在の日本経済の大きな課題となっているんだよ。

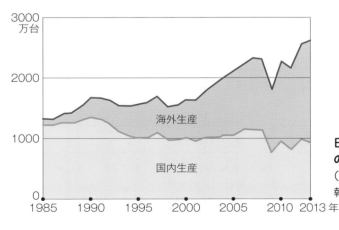

日本の自動車メーカーの生産台数の推移
（「世界自動車統計年報」2014年ほか）

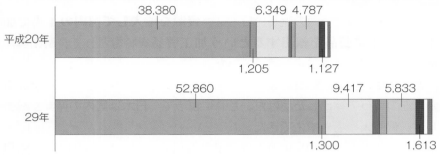

地域別日系企業（拠点）数推移

（外務省「海外在留邦人数調査統計　平成30年要約版」より編集して作成）

平成20年
38,380　6,349　4,787
1,205　1,127

29年
52,860　9,417　5,833
1,300　1,613

■アジア　■大洋州　□北米　■中米　■南米　□西欧　■東欧・旧ソ連　□中東　■アフリカ

テーマ 53 豊かさと経済

経済成長と本当の豊かさ

　近年、世界各国で「本当の豊かさや幸福とは何か」ということへの関心が高まっている。それは、人びとの生活水準がある一定まで達すると、所得や国内総生産（ＧＤＰ）が増加しても、生活への満足度はなかなか上がらないということがわかってきたからだ。

　このような社会では、人びとは所得よりも、自然環境や文化、安心・安全、人びととのつながりというような、非物質的な要素に大きな価値を感じる傾向にある。

　経済が本当の意味で「暮らしを豊かにする仕組み」であるためには、物質的な豊かさだけではなく、非物質的な豊かさも実現していく必要があるんだね。

少しくわしく　📖 ＧＤＰとＧＮＩ

　国内総生産（ＧＤＰ）は、特定の国や地域の中で、一定期間に生産された財やサービスの合計を表します。似たような指標に国民総所得（ＧＮＩ）がありますが、これは、その国や地域の内外にかかわらず、国民や住民が一定期間に得た所得の合計を表します。国民総生産（ＧＮＰ）もＧＮＩも経済規模の大きさを表します。

同じことが、地域経済にもいえる。

日本はこれまで、地域経済を成長させるために、「外来型開発」と呼ばれる大規模な開発事業をおこなってきた。全国各地で高速道路や新幹線、港湾などの交通網整備をして、海に面するエリアを大規模に開発して外部から工場を招き寄せて、工業地帯をつくってきた。これによって、地域の人びとが働く場所ができて、所得が増えて、地元企業にも良い影響を与えられると考えられていたんだ。

でも、大都市とそれ以外の地域との所得格差は解消するどころか、ますます拡大している。工場のばい煙によって、大気汚染が発生したり、自然環境が破壊されたり、地域にもとからある文化や景観もそこなわれてしまった。物質的な豊かさばかりを追い求めた結果、非物質的な豊かさが失われてしまったんだね。

この反省から、近年では、大規模開発だけではなく、自然環境や文化、人間関係などの地域固有の資源を大切にした、新しいまちづくりがおこなわれるようになってきているよ。このような開発のあり方を「内発的発展」と呼ぶ。内発的発展というのは、地域の多様性を重視して、持続可能な社会を求める考え方だといえるよ。

持続可能な地域づくりのためには、住民が自ら地域固有の資源を見つけ出すとともに、住民どうしで交流し、協働しながら資源に新しい価値を加えていくことが必要だ。そのため、行政の決定に住民がただ従うという「トップダウン型」のまちづくりではなく、一人ひとりが意見を出し合って決定する「ボトムアップ型」のまちづくりが求められているよ。

また、住民が積極的に勉強して新しい知識を取り入れたり、住民の間の信頼感を高めたりすることも大切だ。持続可能な社会は、僕ら一人ひとりが社会に参加することによって、はじめて実現するというわけだ。

MEMO

第5部

国際編

第15章

国際社会

　最近、中国や韓国、ロシア連邦が日本の領土に侵入して、そのまま占拠しているということがニュースなどでよく報じられている。これは「日本という国家の存在がおびやかされている」などといわれているけれど、そもそも国家っていったいなんだろう？

　また、国際社会という言葉はよく聞くと思うけど、国際社会の仕組みってどうなっているのだろうか？　まずは国際連合（国連）の役割、そしてヨーロッパ連合（EU）や、東南アジア諸国連合（ASEAN）のような地域主義の動き、さらにBRICSと呼ばれている新興国のことを、おおまかに理解しよう。

この章の ポイント！

「国際社会」のキーワード
国家・国際連合（国連）・地域主義・新興国

理解を深めるエッセンス★★

　国家は国民、領域、主権によって成り立っている。国際社会は国際連合（国連）を中心にまとまると同時に、地域主義の動きや新興国の成長もさかんになっている。

テーマ 54 国際社会と国家

国家とは

　世界にはどれくらいの国があるか知っているかな？　じつは明確には決まっていない。とりあえず、190あまりの国があるという理解でOKだ。では国家が何によって成り立っているかというと、これは明確に決まっていて、国民、領域、主権によって成り立っている。

国家が主権を持つということは、自分たちの国をしっかりと治める責任を負うと同時に、ほかの国に支配されたり、干渉されたりしない権利と、おたがいに対等である権利を持つことを意味する。外国に自国の政治を指図されないという国際ルールを、「内政不干渉の原則」というよ。諸外国と自国がおたがいに対等であることは、「主権平等の原則」という。

　国際社会は主権を持つ国ぐに、主権国家を中心に構成されて、主権国家の間の国際関係は、外交によって成り立っている。

　さて、そんな主権国家である国の主権がおよぶ範囲を領域という。

　領域は、領土、領海、領空から成っている。領土は国家の主権がおよぶ土地で、国家の領域の基本だ。それなのに、中国や韓国、ロシア連邦が日本の領土を不法に占拠したり、自分たちの国の一部だということを主張したりしていることは、よくニュースで報じられているね。領海は領土の周りに広がっている海岸から12海里（1海里＝1852m）までの海域だ。領空は領土と領海の上空の大気圏内を指すよ。

　領海の外には排他的経済水域と大陸棚がある。海には魚や海藻などの水産資源のほかにも、たくさんの資源があって、たとえば、レアメタルなどの鉱物資源、石油やガスなどのエネルギー資源などが注目されている。

　排他的経済水域と大陸棚は簡単にいうと、「ここにある資源はその国が優先的にとっていいですよ」という領域のことだよ。排他的経済水域や大陸棚は領海とは違うから、主権はおよばないけど、経済的には事実上の領海といえる。

　ちなみに、大陸棚というのは陸地から続く、比較的浅い海底のことだよ。じつは日本は、排他的経済水域の面積が世界6位という広さだということはあまり知られていない事実だ。

　排他的経済水域の外側の水域は公海と呼ばれて、どの国の船も自由に行き来することができる。これを「公海自由の原則」というよ。南極大陸や宇宙空間については、どの国も領域として支配できないことになっている。

　また、主権国家は、国家の象徴として、国旗と国歌を持っている。各国の国旗や国歌にはその国の歴史や文化が反映されているよ。日本では、1999（平成11）年に法律で「日章旗」が国旗、「君が代」が国歌と定められている。日章旗というとなじみがないけど、日の丸のことだよ。

領域と排他的経済水域

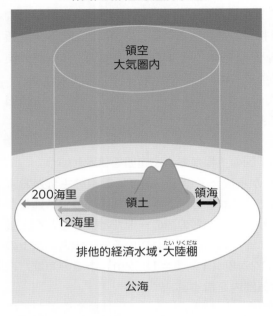

領空
大気圏内

200海里

12海里

領土

領海

排他的経済水域・大陸棚

公海

公海だけでなく、排他的経済水域でも、どこの国の船も自由に航行でき、上空を自由に飛行できる。ただし、排他的経済水域の資源は、その国に優先権がある（領海とちがって主権はおよばない）。

国際社会のルール

　国家がおたがいに主権を尊重し合っていくために、国際社会には守らなければならないルールがある。それが国際法だ。

　国際法には、次の2つの種類がある。ひとつは、条約。条約は、国家間の文書による合意事項だ。条約には、憲章、宣言、協約、協定などと呼ばれるものも含まれる。

　もうひとつは、国際慣習法だ。これは、長年の慣習から国家間で認められてきた決まりだ。公海自由の原則や主権平等の原則などが国際慣習法にあたるよ。各国は国際法を尊重して、国際協調を保っていくことが求められているんだ。

　それでも国家間で争いが起こったときに、法にもとづいて解決するために、国際連合には国際司法裁判所が置かれている。ただ、国際司法裁判所で裁判をおこなうには、争っている当事国の同意が必要なため、すべての争いが裁判によって解決されているわけではない。このことは、国際社会の課題となっている。

国際連合の仕組み

ここで、また少し歴史の復習をしよう。

第一次世界大戦の反省から、1920（大正9）年に国際連盟ができたものの、有力国であるアメリカが参加しなかったことなどから、第二次世界大戦が起こるのを防げなかった。この反省から、1945（昭和20）年にサンフランシスコ会議で国際連合憲章が採択されて、**国際連合（国連）** が生まれたんだったね。

国連は、戦争や紛争を防いで、世界の平和と安全を守ることを最大の目的としている。さらに、諸国間の友好関係の発展や、基本的人権の尊重の実現も、国連の重要な目的だ。

2020（令和2）年現在、国連には193か国が加盟している。国連には**総会**、**安全保障理事会**（安保理）、経済社会理事会、国際司法裁判所、事務局などの機関が置かれて、本部はアメリカのニューヨークにある。また、国連教育科学文化機関（UNESCO）や世界保健機関（WHO）などの**専門機関** が置かれて、国連と連携して活動をしているよ。

総会はすべての加盟国で構成されている。1年に1回、定期的に開かれて、世界のいろいろな問題を話し合って、決議する。そのほかに特別総会がおこなわれることもある。総会では、主権平等の原則にもとづいて、すべての加盟国が平等に1票を持っているよ。

安保理は、**世界の平和と安全を維持することを目的**として、国連の中でも強い権限を持っている。

たとえば、加盟国は**総会の決議に従う義務はないんだけど、安保理の決定には従う義務がある。** 安保理は、アメリカ、ロシア連邦、イギリス、フランス、中華人民共和国（中国）の5か国の**常任理事国**と、総会で選ばれた任期2年の10か国の**非常任理事国**で構成されている。

また、安保理では、**拒否権**といって、常任理事国のうち1か国でも反対すると重要な問題については決議できないことになっている。歴史でも勉

強したよね？　常任理事国、覚えてる？　アメリカ・中国・イギリス・フランス・ロシア連邦だよ。すべて第二次世界大戦に勝った国だったね。「あちゅいフロ（熱い風呂）／ア・中・イ・フ・ロ」だ。「イ」をイギリスかイタリアか迷うかもしれないけど、イタリアは第二次世界大戦で負けたから入っていない。

　近年では、国連をより現在の国際社会の実状にあった組織にするために、安保理の改革について議論されているよ。

国際連合の主な仕組み

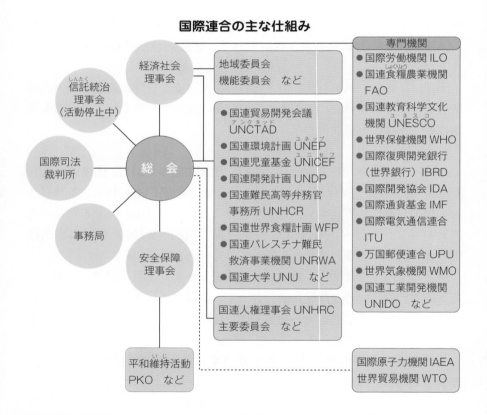

国際連合の主な仕組み図

経済社会理事会
　地域委員会
　機能委員会　など

信託統治理事会（活動停止中）

国際司法裁判所

事務局

総会

安全保障理事会

●国連貿易開発会議 UNCTAD
●国連環境計画 UNEP
●国連児童基金 UNICEF
●国連開発計画 UNDP
●国連難民高等弁務官事務所 UNHCR
●国連世界食糧計画 WFP
●国連パレスチナ難民救済事業機関 UNRWA
●国連大学 UNU　など

国連人権理事会 UNHRC
主要委員会　など

平和維持活動 PKO　など

国際原子力機関 IAEA
世界貿易機関 WTO

専門機関
●国際労働機関 ILO
●国連食糧農業機関 FAO
●国連教育科学文化機関 UNESCO
●世界保健機関 WHO
●国際復興開発銀行（世界銀行）IBRD
●国際開発協会 IDA
●国際通貨基金 IMF
●国際電気通信連合 ITU
●万国郵便連合 UPU
●世界気象機関 WMO
●国連工業開発機関 UNIDO　など

国際連合の役割

　国連の最大の目的は**世界の平和と安全を守ること**だ。だから、国連は侵略などの平和をおびやかす行動をとった国に対して、**安保理の決定によって、経済的措置や軍事的措置を含む制裁を加えることができる。**

経済的措置や軍事的措置を含む制裁って、
どんなことですか？

　経済措置っていうのは、**貿易など経済的な交流を止めて、その国が経済的に困るような状況に追い込むこと**だ。

　たとえば、核（かく）開発を続けてきたイランに対して、安保理は2006年から経済措置などの制裁を決議してきた。原油の輸出を制限して、経済的に孤立させた。困ったイランは結局、核開発を進めない条件に合意（ごうい）したんだ。軍事的措置というのは、**多国籍軍の武力をもって攻撃をしかけること**だよ。

　また、国連は、紛争（ふんそう）後の平和の実現のために、停戦や選挙を監視（かんし）するなどの平和維持活動（PKO）もおこなっていて、これには日本も参加しているよ。

　国連のもうひとつの役割は、経済、社会、文化、環境（かんきょう）、人権などの分野での国際協力を推進することだ。

　国連は、専門機関や、国連児童基金（UNICEF（ユニセフ））などの国際機関と協力して、世界の人びとの暮らしを向上させるための活動にも取り組んでいるよ。

テーマ56 地域主義の動き

ヨーロッパ連合

　第二次世界大戦後、ヨーロッパでは、再び戦争を起こさないようにするために、経済関係を中心にヨーロッパの統合をめざす動きが起こった。その後、統合の動きは政治や外交の分野にまで拡大して、1993（平成5）年にはヨーロッパ連合（EU（イーユー））が生まれた。

　特に経済面では、EUの中央銀行がつくられて、一部の加盟国は自国の

通貨を廃止して、共通の通貨、ユーロを導入した。ヨーロッパがまるでひとつの国内市場のようになっているよ。また、外交や安全保障、治安維持などの分野においても、共通の政策を強化する努力が続いている。

EUは発足以降、東ヨーロッパを中心に加盟国が増えてきた。でも、その結果、加盟国の間に経済格差が生まれている。また、加盟国が増えたために、決定が複雑になったことや、一般の人びととの意見がうまく反映されないなどの課題も出てきた。

そんな中、2010年にはギリシャ財政危機をきっかけにユーロの為替相場が下落して、その後も経済的に不安定な状態が続いているんだ。2020年には47年間加盟（EC時代含む）していたイギリスが抜けているよ。

世界の地域主義

EUのように、経済、環境、安全保障などの分野で、同じような課題をかかえている国どうしが特定の地域でまとまる動きは、世界各地で強くなっている。このような動きを地域主義（リージョナリズム）というよ。

北アメリカで締結されている北米自由貿易協定（NAFTA）なんかも地域主義の一例だね。

東アジアや東南アジアでは、歴史、文化、言語などが多様で、ひとつのまとまりをつくることは難しいとされてきた。

その中で、東南アジアでは、1967（昭和42）年に地域の安定と発展をめざして東南アジア諸国連合（ASEAN）が設立され、経済、政治、安全保障などの分野で協力を進めているよ。ASEANに日本、中国、韓国を加えた会議なども活発におこなわれている。

アジア太平洋地域ではアジア太平洋経済協力会議（APEC）が開催されている。最近は、この地域の多くの国が参加して、貿易の自由化などの経済関係を強化しようとする環太平洋経済連携協定（TPP）の交渉もおこなわれている。日本はこれらに両方とも参加しているよ。

また、このような多くの国が参加する統合だけでなく、特定の国と国との間で自由貿易協定（FTA）や経済連携協定（EPA）を結んで、貿易の自由化などを進める動きも活発化しているんだ。

世界の主な地域主義の動き

● は日本が経済連携協定(EPA)を結んでいる国・地域

▨ ヨーロッパ連合(EU)	▧ 北米自由貿易協定(NAFTA)
• 1993年発足 • 27か国	• 1994年発足 • 3か国 • アメリカ, カナダ, メキシコ

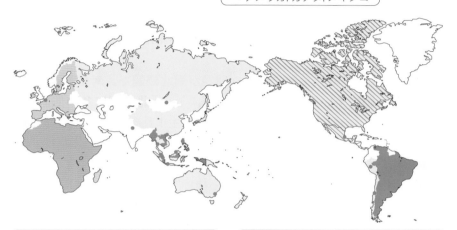

▨ アフリカ連合(AU)
• 2002年発足 • 54か国・地域 • モロッコ以外のアフリカ諸国と西サハラ

▨ 南米南部共同市場(MERCOSUR)
• 1995年発足 • 6か国 • アルゼンチン, ボリビア, ブラジル, 　パラグアイ, ウルグアイ, ベネズエラ, 　(チリ, コロンビア, エクアドル, ガイアナ, 　ペルー, スリナムの6か国が準加盟)

▨ 東南アジア諸国連合(ASEAN)
• 1967年発足 • 10か国 • インドネシア, カンボジア, シンガポール, 　タイ, フィリピン, ブルネイ・ダルサラーム, 　ベトナム, マレーシア, ミャンマー, ラオス

▨ アジア太平洋経済協力会議(APEC)
• 1989年発足 • 21か国・地域 • オーストラリア, ブルネイ・ダルサラーム, 　カナダ, チリ, 中国, ホンコン(香港), 　インドネシア, 日本, 韓国, マレーシア, 　メキシコ, ニュージーランド, 　パプアニューギニア, ペルー, フィリピン, 　ロシア連邦, シンガポール, 台湾, タイ, 　アメリカ, ベトナム

テーマ 57 新興国の台頭

グローバル化と南北問題

現代の国家は、他国の存在なしには成り立つことができない相互依存（そうごいぞん）の関係にある。1つの国の問題はその国だけでは解決できず、国際社会が協力して取り組む必要がある場合が増えているんだ。

国際的な問題の中でも特に大きな問題が南北問題だ。南北問題とは地球の「南」側に多い発展途上国（とじょう）（途上国）と、「北」側に多い先進工業国（先進国）との間の経済格差と、そこから生まれる、いろいろな問題のことだ。

途上国には、かつてヨーロッパなどの植民地だった国が多くて、独立後も植民地時代のモノカルチャー経済から抜け出せなかったんだ。モノカルチャー経済というのは、限られた作物や資源の生産と輸出にたよる経済のことだよ。

新興国の台頭と南南問題

途上国の中でも、急速に経済成長する新興国（しんこうこく）が現れてきている。1960年代以降に急速に工業化が進んだ**韓国（かんこく）、台湾（たいわん）、香港（ホンコン）、シンガポールな**
どは**新興工業経済地域（ＮＩＥＳ）（ニーズ）**と呼ばれ、現在では大きな経済力を持っているよ。

また、石油や天然ガスなどの鉱産資源を豊富に持つ国も存在感を増している。

2000年代になると、広い国土と多くの人口、資源を持っていて、急速に経済成長する**ブラジル、ロシア連邦（れんぽう）、インド、中国、南アフリカ共**
和国の5か国が注目されるようになる。この5か国は、国名の頭文字（かしらもじ）をつなげて**ＢＲＩＣＳ（ブリックス）**と呼ばれているよ。

各国の経済成長率（GDPの増加率）**の推移**（世界銀行資料、IMF資料より作成）

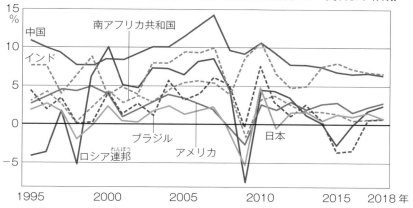

こうした新興国は、国際社会において発言力を高めている。

たとえば、世界の政治や経済について話し合う主要国首脳会議（サミット）は、かつては先進国中心の8か国とEUによって開催されるG8が中心だったけど、2008（平成20）年からは新興国など11か国も加わったG20もおこなわれるようになった。このG8とかG20のGはグループのGだ。

一方、サハラよりも南のアフリカの国ぐにのように、政治的に不安定で、資源を持たない途上国は、経済発展から取り残されている。このように、現在では途上国の間でも経済格差が表面化して、**南南問題**と呼ばれているんだ。

覚えて
おこう！

「南北問題」は、発展途上国と先進工業国との間の経済格差の問題だ。
「南南問題」は、発展途上国の間の経済格差の問題だよ。区別して理解しておこう。

国際問題

世界はグローバル化が進んだことによって、大きなマイナスの面も発生している。国と国とのつながり方がより複雑になっているから、ひとつの国だけでは問題を解決することは不可能で、各国が協力しないと解決に向かって進めないことが、問題を大きくしている。いわゆる国際問題だ。

ここでは、次の4つの国際問題について知っておいてほしい。それは、「地球環境問題」「資源・エネルギー資源問題」「貧困問題」「新しい戦争」だ。

国際問題っていうと、なんだか途方もなく大きなことに思えるかもしれない。でも、結局のところ、問題を起こしているのは、僕ら人間だ。起きている問題を知ることが解決の第一歩だよ。

この章の ポイント！

「国際問題」のキーワード
❶ 地球環境問題と資源・エネルギー資源問題
❷ 貧困問題・新しい戦争

理解を深めるエッセンス ★★

さまざまな地球環境問題の原因となっている地球温暖化。原子力にたよらない再生可能エネルギーの開発。急激な人口増加による世界の貧困問題や、地域紛争やテロリズムによる「新しい戦争」も起こっている。

テーマ 58 地球環境問題

危機的な地球環境

現在、地球環境は危機的な状況にある。森林伐採による砂漠化、自動車の排気ガスやばい煙などによる大気汚染や酸性雨の発生、フロンガスの排出によるオゾン層の破壊、地球温暖化、海洋汚染、絶滅の危機にある生物の問題など、問題だらけだ。地球を人間にたとえたら、全身病気だらけで傷だらけの状態といえる。

このような地球環境問題の中でも地球温暖化は、第1章の「グローバル化による課題」（P.13）でも勉強したように、いろいろな環境破壊の原因となる象徴的な問題だ。地球温暖化は、僕らの生活で排出される二酸化炭素（CO_2）などの温室効果ガスが増えて、大気中の濃度が高くなることによって起こる。

地球温暖化によって、多くの生物が生きていけなくなったり、農作物が育たなくなったり、干ばつや洪水などの自然災害が起こったりするなど、多くの被害が予想される。また、北極圏や南極大陸の氷がとけて、海面が上昇し、海抜の低い島国が海に沈んでしまう危険もある。

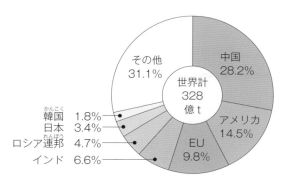

世界の二酸化炭素排出量
（環境省「世界の二酸化炭素排出量（2017年）」より作成）

国際社会の取り組み

地球環境問題の解決のためには、国際社会の協力が不可欠だ。

1992（平成4）年には、**国連環境開発会議（地球サミット）**が開かれて、気候変動枠組条約や生物多様性条約などが結ばれた。気候変動枠組条約というのは、大気中の温室効果ガスの濃度を安定させて、地球温暖化を防止することを目的としたものだよ。

1997年には、気候変動枠組条約の締約国会議（COP）として開催された**地球温暖化防止京都会議**で、先進国に温室効果ガスの排出を減らすことを義務づけるという**京都議定書**が採択された。でも、アメリカは途上国に義務がないことを不満にすぐに抜けてしまう。日本も、中国やアメリカなど、大量にガスを排出する国が参加しないのは不公平で実効性もないと考えて参加をとりやめる。

そこで、京都議定書を引き継いだのが、2015年にCOPで採択された**パリ協定**だ。パリ協定は画期的な枠組みといわれているよ。途上国を含んだすべての参加国に、ガス排出削減の努力を求める枠組みだからだ。

ちなみに日本は、2030年度の温室効果ガスの排出を2013年度の水準から26％削減することを目標として定めた。これは、かなり高い目標だよ。

一方、2017年、アメリカは地球環境よりも自国の経済を優先すべきだと考え、トランプ大統領はパリ協定から抜けることを表明している。

テーマ 59 資源エネルギー問題

資源とエネルギー

世界でもっとも多く使われているエネルギー資源は何か知っているかな？　それは、石油、石炭、天然ガスなどの**化石燃料**だ。

化石燃料は、全エネルギー消費量の8割以上を占めているんだよ。これらの資源は、埋蔵量に地域的なかたよりがあって、とることができる年数も限られている。

世界のエネルギー消費量は年々増えていて、特に近年では途上国の消費

量が急激に増えているんだ。そこで、このまま化石燃料にたより続けるのは限界があるということで、新たなエネルギー資源の開発が注目されている。商用化が進んでいる北アメリカのシェールガス、実用化に向けた試掘がおこなわれている日本近海の海底のメタンハイドレートなどがあるよ。

日本のエネルギー事情

　日本のエネルギー消費量は、産業部門が約半分を占めているんだけど、じつは1970年代からあまり増えていない。一方、家庭部門は、1970年代初めから約３倍も増えている。冷蔵庫やエアコン、電子レンジなどの電化製品が普及して、家庭で使う電気量が増えたのが理由だ。

　日本の電力は主に、**水力発電**、**火力発電**、**原子力発電**でまかなわれてきたのは知っているね。とはいっても、これらだけでは全然足りなくて、エネルギー資源の９割以上は輸入にたよっている。しかも化石燃料の価格は上がっているんだ。

　そこで注目されてきたのが、原子力発電だ。

　原子力発電は、電力の供給が大量に、しかも安定して供給できる。さらに、燃料をくり返し利用できるし、発電するときに二酸化炭素を出さない。そういうことで、原子力発電は環境にクリーンな夢のエネルギーとして国が力を入れて増やしてきたんだ。

　ところが、放射性物質という有害な物質をあつかうため、東日本大震災のときのような大事故が起こると飛散と海洋流出を引き起こし、長年にわたる大被害が発生する。放射性廃棄物の最終処分場をどこに、どうするかという課題も残っている。

　そして、現在、原子力にかわるエネルギーとして、太陽光、風力、地熱、バイオマスなどの**再生可能エネルギー**の開発が進められている。

　バイオマスとは、生物由来のエネルギーで、木くずを燃やしたり、家畜のふん尿などを発酵させてメタンガスを発生させたりする発電だよ。ただ、現在の技術では発電などにかかる費用が高いこと、また、太陽光発電や風力発電は電力の供給が自然条件に左右されること、地熱発電は自然や観光施設との共存が必要であることなどの課題も残っている。

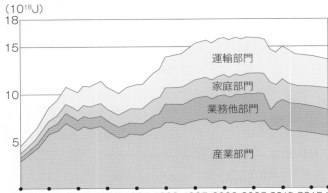

(10^18 J)

運輸部門

家庭部門

業務他部門

産業部門

日本の部門別エネルギー消費量の推移（経済産業省「エネルギー白書2020」より作成）

[風力発電所]

[太陽光発電所]

[地熱発電所]

[木質バイオマス発電所]

世界の貧困問題

世界人口が急速に増えているのを知っているかな？

1950年に約25億人だったのが2000年には約61億人になって、2050年には95億人を突破すると予測されている。特にアジアやアフリカの途上国で人口が増えていて、2050年には途上国の人口が世界の約86%になると予測されている。経済の発展も急激な人口増加には追いつかず、貧困状態の人が増えているんだ。

世界では人口の約10%が1日1.9ドル未満で生活している貧困の状態にあって（世界銀行2015年発表のデータによる）、国連開発計画（UNDP）は、貧困を「教育、仕事、食料、保健・医療、飲料水、住居、エネルギーなどのもっとも基本的なサービスを手に入れられない状態」としているよ。世界で特に貧困が深刻なのが、サハラより南のアフリカだ。

先進国の中でも経済格差が広がっていて、貧困におちいる人が増えている。

どうして貧困状態が引き起こされてしまうのか。それは、生まれた国、地域の産業の未発達や雇用不足、水道や電気などの社会資本の未整備、医療サービスの不足、社会保障制度の不備、教育を受ける機会の不足などが、複雑に重なり合っている。

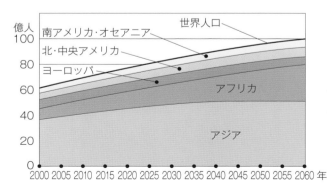

予測される地域別の人口増加
（「国連世界人口予測」より作成）

食料供給のかたよりと飢餓

　世界には、栄養不足の状態が長く続く飢餓の状態の人びとが、途上国を中心に約8億人もいる。途上国の7人に1人が飢餓状態にある計算だ。

　でも、じつは世界中の全員が食べるのに十分な量の食料は生産されているんだよ。ただし、その食料が、すべての人に公平にゆきわたっていない。先進国では食料があり余っていて、大量の食品が捨てられている。

　この食料供給のかたよりが、貧困のいちばんのもとになっているんだ。

> もし捨てられる食料がゆきわたっていたら、世界中の飢餓に苦しむ人がいなくなるんですね……。
> 途上国の中には、農作物を育てる広い土地を持っている国もありそうですが、難しいのでしょうか？

　うん、土地があったとしても、農業に必要な設備や技術が不足しているし、地球温暖化の影響で起きている大規模な自然災害や、地域紛争などもあって、急激に増えていく人口に生産が追いつかないんだ。

　さらに、近年では、バイオ燃料に利用される穀物が増えた結果、食料価格がますます上がって、飢餓の問題がより深刻化している。

途上国の子どもと女性の問題

　貧困の影響をいちばん受けるのは子どもたちだ。

　途上国では、毎日約1万4500人の子どもたちが5歳の誕生日をむかえる前に死亡している（2018年現在）。

　親をなくして路上暮らしをするしかないストリートチルドレンや、劣悪な環境で働かされている子ども、紛争地域では子ども兵（少年兵）として、戦いに参加させられている子どもも大勢いる。

　世界には、学校に行けない子どもたちが学齢期の人口の約11.5％となる1億2300人いて（2017年現在）、特に途上国に集中している。

　読み書きや計算など、社会生活に必要な知識や能力を身につける機会がないために、大人になっても不安定で収入の少ない仕事にしか就くことができず、貧困からなかなか抜け出すことができない状況だ。

　子どもたちが学校へ通える環境を整えるという点から、学校や教師を十分に増やすなどの助けが必要とされているんだ。

　子どもだけでなく、女性もまた貧困の影響を大きく受ける。

　経済的な理由だけでなく、文化や宗教上の理由から女性を学校に通わせる必要がないと考える親もいて、途上国では女性の識字率（文章を読み書きできる人の割合）が男性よりも低い傾向にある。こうしたことから、途上国の女性は社会的に自立しづらい状況になっている。

貧困をなくすための取り組み

　国連は、2001（平成13）年に「ミレニアム開発目標」というものをまとめた。ミレニアム開発目標とは、次のようなものだ。

　貧困人口と飢餓人口を1990年に比べて半分以下に減らす・世界中のすべての子どもが初等教育を修了できるようにする・すべての教育レベルで男女の格差を解消する……といったようなもので、2015年までに達成すべき8つの目標を定めたんだ。

　この目標を達成するために、いろいろな国連機関や加盟国、NGOなどが協力した結果、貧困人口や子どもの就学率では大きな成果があった。た

だ、十分に改善されない分野もあって、2015年に、ミレニアム開発目標を引きつぐ、「持続可能な開発目標（SDGs）」を採択して、2030年までに達成すべき17の目標を新たに定めた。貧困と飢餓をなくすこと、教育を普及させることなどの取り組みを、さらに進めようとしているよ。

　貧困問題を解決するためには、援助だけではなくて、人びとの自立をうながして、支える取り組みも必要だ。

　たとえば、途上国の人びとが生産した農作物や製品を、**その労働に見合う公正な価格で取り引きをして、先進国の人びとがそれを購入することで生産者の生活を支える**という**フェアトレード**（公正貿易）が注目されている。

　ほかにも、貧しい人びとが新しい事業を始めるために少額のお金を貸し出す**マイクロクレジット**（少額融資）という取り組みは、現金収入を得る機会を与えるなどの成果を上げているよ。

知っていますか？

途上国の貧困の原因のひとつに、生産した農作物や製品が、不当に安い価格で取り引きされてしまうということがある。適正な価格で継続的に先進国の人びとが商品を購入する仕組みのフェアトレードは、生産者の生活の改善と自立に役立って、貧困を減らすことに結びついているんだよ。

61 新しい戦争

新しい戦争とは

　かつて、戦争は、国家と国家の戦いを意味していた。

　戦争の目的は相手国を軍事力で従わせて、植民地として領土を得ることだったよね。それが、第二次世界大戦後は、核兵器などの大量破壊兵器が発達して、相手国に攻撃をしかけると、自国もとんでもないダメージを受けることになるから攻撃しにくくなったことや、国際連合の存在から、国家間の戦争は起こりにくくなっている。

　では、戦争がなくなったかというと、そんなことはなくて、形を変えて今でも戦争は続いているんだ。

　たとえば、1990年代に起こったユーゴスラビア紛争のような地域紛争や、2001（平成13）年にアメリカで起こった同時多発テロのようなテロリズムだ。今までとは違う形の戦争は「新しい戦争」と呼ばれている。

　地域紛争とは、第二次世界大戦のような大戦争ではないんだけど、国内やその周辺国を巻きこんで起こる戦争のことをいうよ。

　紛争の原因としては、冷戦後、アメリカとソ連という2つの超大国の力でなんとか保たれていた秩序が崩壊して、異なる民族や異なる宗教を信仰している人びとの対立が表面化したことが挙げられる。

　また、経済格差が拡大して、貧困状態や国の政治体制に不満を持つ人びとの暴力的行動なども紛争の原因だ。紛争の多くは、異なる民族や宗教を弾圧したり排除したりする、民族紛争の形となっている。

　紛争地域では、住んでいた土地を離れて周辺の国に逃げる難民が発生する。

　ただ、周辺の国も大勢の難民を受け入れることはできなくて、国境付近の難民キャンプで暮らさなければならない難民たちが今でも大勢いる。難民キャンプの多くは、食料や水、生活用品などを国際機関などからの援助にたよっていて、なんとか周辺国に受け入れられた難民の多くも、非常に

貧しい暮らしをしているんだ。

　国連難民高等弁務官事務所（UNHCR）は、各国に難民の受け入れを求めたり、難民の生活を改善したり、紛争後に故郷に帰って生活を立て直すためのサポートをしたりしているよ。

各国の難民発生数と第二次世界大戦後の主な地域紛争
（UNHCR「グローバル・トレンズ・レポート2018」ほかより作成）

北アイルランド紛争
（1969～98）
★ユーゴスラビア紛争（1991～99）
ニカラグア内戦
（1979～90）
★キプロス紛争
（1974～）
チェチェン紛争
（1994～96, 99～）
アフガニスタン紛争・内戦
（1979～2001）
★シリア内戦
（2011～）
★パレスチナ問題
（1948～）
★カシミール紛争
（1947～）
★西サハラ紛争
（1973～）
★カンボジア紛争
（1979～91）
★リベリア内戦
（1989～2003）
★スーダン
ダルフール紛争
（2003～）
★コンゴ民主共和国内戦
（1996～2003）
★ソマリア内戦
（1988～）
★アンゴラ内戦
（1975～91, 98～2002）
★モザンビーク内戦
（1975～91）
★東ティモール独立運動
（1975～99）
★ナミビア独立運動
（1975～90）
★ルワンダ内戦
（1990～94）

国別難民発生数
- ■ 50万人以上
- ■ 10～50万人未満
- □ 1～10万人未満
- ■ 1万人未満
- □ 資料なし

★：国連の平和維持活動（PKO）が展開された紛争

地域別難民数[2018年末まで]	
アジア・オセアニア	421.5万人
サハラ以南アフリカ	633.5万人
中東・北アフリカ	269.3万人
ヨーロッパ	647.5万人
南北アメリカ	64.3万人

※難民に類似する状況の人の数も含む

テロリズム

　近年、特定の集団が武器を持って、敵対する国の軍隊や警察を攻撃したり、自爆テロによって、一般の人びとを無差別に死傷させたり、その国の代表的な建造物を破壊したりする行為も増えている。そうすることによって、相手に恐怖や動揺を与えて、自分たちの要求をアピールしようとするわけだ。

　このような行為を**テロリズム**というよ。テロリズムの背景には、民族や宗教の弾圧や貧困があって、そのような問題に解決の見通しがないことがあるといわれていて、組織化した武装集団が国境を越えて活動している。

　地域紛争やテロリズムに対して、国連がそれを未然に防ぐために資金調達や移動を阻止するために国際協力を進めたり、アメリカなどが、軍隊を派遣して壊滅させようとしたりしているんだけれど、今のところ成功したとはいえない状態が続いている。

　地域紛争やテロリズムを根本的に解決するためには、国どうしの経済格差や国内の貧富の差を改善していくための対策をとっていく必要がある。

第 17 章

これからの地球社会

さあ、いよいよ最後の章だ。この章では多様な文化を認めることの大切さ、日本の外交の現状と課題、日本と世界のつながりについての理解を深めるよ。

そして、地球上のすべての人びとが平和でハッピーな生活を送ることができるようにするためには、どうすればいいか。世界平和のためにどんな問題があって、どう解決に向かっているかを知ろう。

公民の勉強は、キミ自身の、さらに世界中の人びととの将来をよりよくするための知識、考え方を身につけることができる現実的なメリットが大きいものだ。ただのテスト勉強ととらえず、前向きに取り組む価値があることを知ってほしい。

この章の ポイント！

「これからの地球社会」のキーワード
❶ 文化の多様性・政府開発援助（ＯＤＡ）
❷ 不法占拠・軍縮

理解を深めるエッセンス ★★

文化の多様性を認めること、貧困と兵器を減らすことが、異なる宗教や民族間での紛争を減らし、世界平和につながる。

62 文化の多様性

グローバル化の中の文化

この本で最初に勉強した「グローバル化」について、文化という視点で見てみよう。

人類は世界各地で、それぞれ異なった気候に適応しながら、長い歴史をとおして多様な文化を生み出してきた。このことを**文化の多様性**というよ。

それが近年では、グローバル化や情報化によって、異文化どうしの交流がさかんになって、人びとの価値観や生活が似通ったものになるという「文化の画一化」が進んでいる。スターバックスやマクドナルド、日本のユニクロやコンビニエンスストアは世界中に広がっているし、スマホでコミュニケーションを取り合う姿も日本だけではなく、いまや多くの国ぐにで見られる。

文化の画一化が進むということは、失われる文化もあるということだ。たとえば、世界には約6000の言語があるんだけれど、このうち約2500が消滅の危機にある。言語とは文化そのものといえるから、どれだけ多くの文化が消えつつあるかわかるでしょ。

また、アフガニスタンでは、2001（平成13）年に当時のイスラム政権によって、バーミアンの石仏が破壊されている。戦争や略奪、公害、過度の観光化などによっても、貴重な文化がどんどん失われているんだ。

そこで、文化の多様性を守るために、国際社会ではいろいろな取り組みがおこなわれてきた。

UNESCOの提案によって結ばれた**世界遺産条約**は、世界の貴重な自然や文化財を**世界遺産**として登録して、保護するというものだ。2001年に採択された「文化の多様性に関する世界宣言」は、文化の多様性を「人類共通の遺産」であると位置づけて、社会の発展や民主主義に欠かせないものであるとしている。世界各地の多様な文化は、人類社会の発展の源であって、貴重な財産だという意味だよ。

また、異なる文化の間で対話をして、協力し合っていくことが、世界の

平和と安全を守るためにいちばん有効なことだとされている。これなら僕らにもできそうなことだよね。

宗教や民族の多様性

　世界では、キリスト教、イスラム教、仏教の三大宗教のほか、ヒンドゥー教、ユダヤ教などのいろいろな宗教が信仰されている。

　多くの国では、異なる宗教を信じる人たちが、おたがいの信仰を尊重して、共同生活をしている。同じように、多くの異なった民族が共存している国や地域もたくさんある。

宗教対応の機内食の例

ヒンドゥーミール	イスラム教徒ミール
牛肉を口にしないヒンドゥー教徒のために、食材に牛肉や豚肉を使わない。調理の際のアルコールも使わない。ゆでた魚や鶏肉、羊肉、魚介類、米、フルーツなどを使用。	イスラム教の規定と習慣に従った内容。豚肉を使用した製品、ゼラチン、アルコールから抽出した成分や、ウロコやヒレのない海洋生物の肉は使わない。

　でも、相互理解の不足によって、異なる宗教や民族の間で対立が起こっているところもある。そのような対立が、地域紛争やテロリズムの原因になっているんだったね。これらの対立を解決するためには、異なる宗教や民族の間で、対話や和解の努力が必要だ。

　僕らは異なる文化に接したとき、それを受け入れることに消極的になってしまう傾向がある。でも、"異文化理解"は、世界の人びとが協力し、いろいろな国際問題を解決して、持続可能な社会を実現していくためには欠かせないことだ。

　異なる文化を持つ人どうしが、おたがいを尊重しあって、学び合いながら、共存・共生していくことが求められているよ。

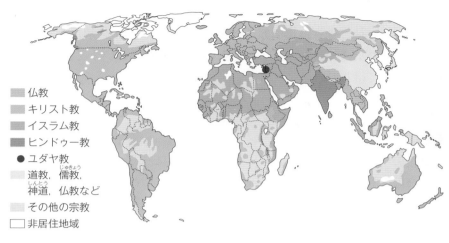

世界の宗教分布（「ディルケ世界地図」2010年版ほか）

- 仏教
- キリスト教
- イスラム教
- ヒンドゥー教
- ● ユダヤ教
- 道教，儒教，神道，仏教など
- その他の宗教
- □ 非居住地域

テーマ
63 日本の外交の現状

日本の平和主義外交

　第二次世界大戦後の日本の外交は、平和主義と国際貢献を重視してきた。なぜなら、日本国憲法の基本原理のひとつは平和主義であって、その立場を憲法前文と第9条にはっきりと記しているからだ。

　そして、**日本の平和主義外交は、国連中心主義と非核の主張に表れている**。日本は、1956年に加盟してからずっと、世界の平和を守るための国際組織である国連の活動に協力してきた。

　近年は、国連の平和維持活動（PKO）に自衛隊を派遣するなどの協力もおこなっているよ。「非核の主張」というのは、日本は広島と長崎への原子爆弾投下という悲劇を経験した世界で唯一の被爆国として、「非核三原則」をかかげて、核兵器をなくすことを訴えている。「非核三原則」、覚えてる？　忘れてしまっていたらP.48を見直そう。

国際貢献については、政府開発援助（ＯＤＡ）として、途上国にお金や技術の援助をしているよ。

また、危機的な地球環境問題、世界経済の連携、紛争の解決などでも、国際協力のための枠組みづくりに大きく貢献しているということも、ぜひ知っておいてほしい。

近隣諸国との関係

戦後の日本外交の中心は、アメリカとの関係にある。

現在の国際社会において、日米安全保障条約にもとづく日米同盟は、日本とアメリカとの関係だけでなく、世界の安定にも影響している。アジア太平洋地域の発展のために、経済関係もより強くしていこうとしているよ。ただ、このような中で、沖縄の在日アメリカ軍基地の問題は、沖縄の人びとの願いに反して、なかなか解決に向かって進んでいないというのが現状だ。

もちろん、アメリカだけではなく、東アジアや東南アジアの国ぐにとの関係も重要だ。戦後の日本は、アジアの一員として、経済や文化など、多方面で関係が強化されるように努力をしている。

その一方で、解決すべき問題も山積みだ。昔からの日本の領土である竹島は、韓国によって不法に占拠されていて、日本政府は抗議を続けているけど、韓国政府は聞き入れていない。同じく、昔からの日本の領土である尖閣諸島も、中国が自国の領土であるという主張をし始めて、中国の船が日本の領海に不法に侵入をくり返している。

さらに、北方領土も昔からの日本の領土であるにもかかわらず、ロシア連邦が不法に占拠していて、日本は返還を求め続けている。朝鮮民主主義人民共和国（北朝鮮）にいたっては、核実験をおこなったり、ミサイルをつぎつぎに発射したり、日本人を拉致するなど問題行動が多いものの、解決のめどはたっていない。北朝鮮による日本人の拉致とは、日本人を捕まえて、無理やり北朝鮮に連れて行ってしまったことだよ。

日本の領域と排他的経済水域

竹島

竹島は、隠岐諸島の北西に位置し、島根県隠岐の島町に属する日本の固有の領土。しかし、韓国が不法に占拠していることから、日本は、韓国に対して抗議を続けている

尖閣諸島

先島諸島の北方に位置する尖閣諸島は、沖縄県石垣市に属する日本固有の領土だが、中国がその領有を主張している

北方領土

1951年のサンフランシスコ平和条約で、日本は千島列島を放棄。しかし、歯舞群島、色丹島、国後島、択捉島の北方領土は、千島列島にふくまれない日本固有の領土。第二次世界大戦後にソ連が不法に占拠した北方領土の返還を、日本は、ソ連を継承したロシア連邦に求めている

北方領土

日本の北端
択捉島

日本の西端
与那国島

日本の東端
南鳥島

日本の南端
沖ノ鳥島

＊排他的経済水域の境界線は日本の法令に，大陸棚の境界線は加えて大陸限界委員会の勧告にもとづく。境界線の一部は関係国と協議中。

日本の領海および排他的経済水域
日本の大陸棚

テーマ
64 世界とつながる日本

経済関係の強化

グローバル化が進んで、各国どうしの相互依存が進む中、外交政策で特に重要になっている分野のひとつが、経済関係だ。

今までのような近隣諸国や先進国との関係だけでなく、世界経済の成長を支える新興国や、その他の途上国との関係も重要になってきている。

日本は、各国との経済関係の強化のために、日本企業や日本人が国際的な経済活動に積極的に参加できる仕組みづくりや、外国からのエネルギー資源や原材料、食料などの輸入に日々取り組んでいる。

また、このような政策の実現のために、関税などの貿易の制限をなくすための自由貿易協定（FTA）や、サービスや投資、労働者の移動、経済

制度など幅広い分野で経済協力をするための経済連携協定（EPA）によって関係を強めたり、Ｇ２０サミットや世界貿易機関（WTO）、経済協力開発機構（OECD）、アジア太平洋経済協力会議（APEC）など、いろいろな場で、経済に関する交渉に積極的にかかわることが求められているよ。

世界とつながる日本人

　グローバル化が進む現在は、政府による外交だけではなく、非政府組織（NGO）や企業も政府と協力することで、国際社会のいろいろなことに細かく対応することができる。近年では、国際問題の解決に取り組む企業も増えてきているよ。

　日本企業の国際的な経済活動は、日本経済の発展のためにも必要なことだ。政府は、国際的な活動をするNGOや、企業をサポートして国際的に活躍できる人材の育成にも取り組んでいるんだよ。

　さて、これまで国と国とのかかわりについて勉強してきたけれど、国際関係のいちばんの基本は、やはり人と人との関係だ。

　日本人が外国人との関係をつくりやすくするために、文化交流を通じて相互理解を深めていくことも、重要な外交政策のひとつだ。日本と日本人について外国人に理解してもらうために、日本の文化や日本人の考え方をいろいろな方法で世界に発信していくことが必要だ。

　またその一方で、留学や観光などで、日本に来てもらう外国人を増やすことも必要だね。

テーマ 65 世界平和のために

世界の平和をめざして

戦争や地域紛争を防ぐために、世界では軍縮が進められている。

軍縮とは、軍備の縮小、すなわち戦う力を減らすことだよ。特に、一度に多くの命をうばう核兵器、化学兵器、生物兵器などの大量破壊兵器を、この世からなくすことが重要だ。

化学兵器とは、毒ガスなどの毒性化学物質を使ったもの、生物兵器とは、細菌やウイルス、またはそれらがつくり出す毒素などを使用した兵器のことだ。

核兵器はアメリカとロシア連邦を中心に、減らしていく努力が続けられている。また、核保有国であるアメリカ・イギリス・フランス・ロシア連邦・中国以外の国が核兵器を持つことを禁止する、核拡散防止条約も結ばれている。ただ、それにもかかわらず、核兵器を保有している国や、これから保有しようとする国があることが問題になっている。

通常の兵器も、開発によってその威力が強化されていて、大きな問題になっている。

戦争が終わったあとも一般人に被害を与え続ける地雷については、NGOの働きかけもあって、1997(平成9)年に対人地雷全面禁止条約が結ばれている。この条約に日本は参加しているものの、アメリカなど不参加の国もあるのが課題となっている。

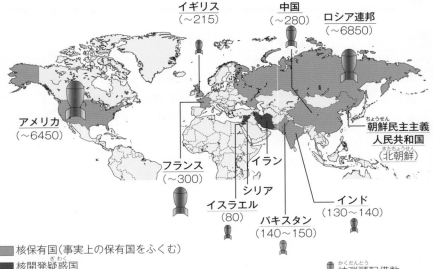

世界の核保有国と保有数
（外務省資料ほかより作成）

イギリス（～215）
中国（～280）
ロシア連邦（～6850）
アメリカ（～6450）
フランス（～300）
イラン
シリア
イスラエル（80）
パキスタン（140～150）
インド（130～140）
朝鮮民主主義人民共和国（北朝鮮）

■ 核保有国（事実上の保有国をふくむ）
■ 核開発疑惑国
— 核拡散防止条約で保有国として定められている国（5か国）
— 核拡散防止条約に未署名・脱退した国

🚀 核弾頭配備数
[2018年現在]

よりよい地球社会をめざして

　なぜ、地域紛争やテロリズムが起こるのか。いろいろ理由はあるけど、共通しているのは貧困問題だったね。だから、先進国は政府開発援助（ODA）をおこなっているんだ。また、政府の援助が届きにくい分野では、非政府組織（NGO）と積極的に協力していく必要がある。

　近年では、国だけでなく、一人ひとりの人間に着目して、その生命や人権を大切にするという「人間の安全保障」の考え方が国際社会で主張されるようになっている。日本も、この人間の安全保障を外交方針のひとつとしているよ。

　一般的に、平和は「戦争のない状態」とされていて、これを「消極的平和」という。でも、戦争で命を落とすのも、飢餓で死んでいくのも、生命をうばわれるという点では同じだから、世界の中の貧困や経済格差で苦し

む人びとも「平和ではない状態」にあると考えられるようになっている。このような貧困や経済格差が改善、解消された状態を、「積極的平和」と呼んでいるよ。

　「消極的平和」はもちろん、「積極的な平和」、本当の平和を実現して、持続可能な社会を築くためには、僕ら一人ひとりの意識と行動が必要だ。世界の平和をうばっているのは人間自身であり、それに対して、平和を築いていくことも僕ら人間にしかできないことだ。

　僕らは、地域、日本、そして地球に暮らしているひとりの人間として、国境を越えて協力していくことが求められている。幸せな生活を送りたいという願いは、世界共通のものなのだから。

さくいん

写真提供

アフロ、AP、ロイター、読売新聞……9 / 23 / 24 / 33 / 47 / 71 / 77 / 80 / 102 / 125 / 132 / 156 / 181 / 196
佐賀県武雄市役所……118

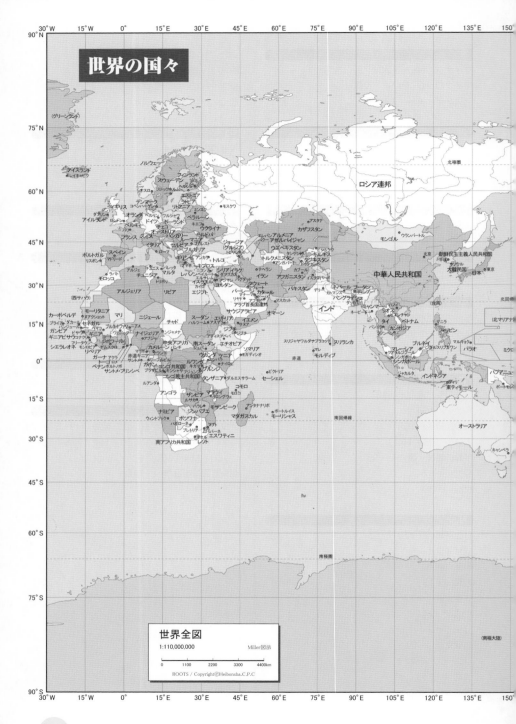

世界の国々

ロシア連邦

中華人民共和国

インド

オーストラリア

世界全図

1:110,000,000

Miller図法

0　1100　2200　3300　4400km

ROOTS / Copyright©Heibonsha.C.P.C

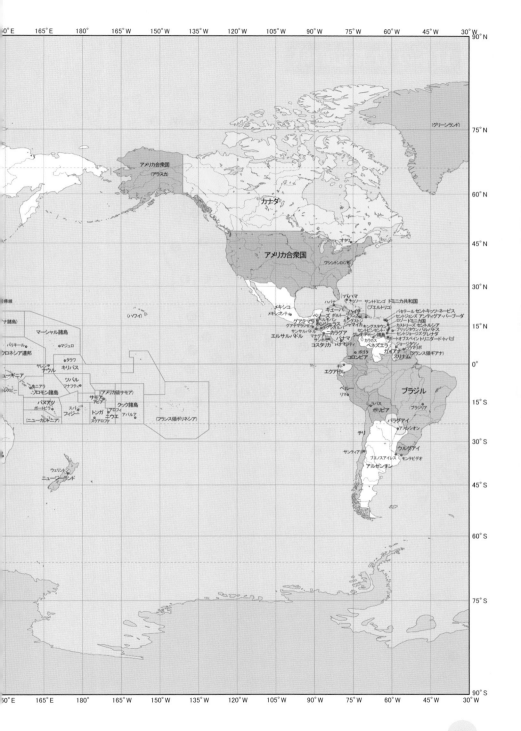

日本の47都道府県

都道府県名、（　）内は県庁所在地

❶北海道（札幌）

❷青森県（青森）

❸岩手県（盛岡）

❹宮城県（仙台）

❺秋田県（秋田）

❻山形県（山形）

❼福島県（福島）

❽茨城県（水戸）

❾栃木県（宇都宮）

❿群馬県（前橋）

⓫埼玉県（さいたま）

⓬千葉県（千葉）

⓭東京都（東京）

⓮神奈川県（横浜）

⓯新潟県（新潟）

⓰富山県（富山）

⓱石川県（金沢）

⓲福井県（福井）

⓳山梨県（甲府）

⓴長野県（長野）

㉑岐阜県（岐阜）

㉒静岡県（静岡）

㉓愛知県（名古屋）

㉔三重県（津）

㉕滋賀県（大津）

㉖京都府（京都）

㉗大阪府（大阪）

㉘兵庫県（神戸）

㉙奈良県（奈良）

㉚和歌山県（和歌山）

㉛鳥取県（鳥取）

㉜島根県（松江）

㉝岡山県（岡山）

㉞広島県（広島）

㉟山口県（山口）

㊱徳島県（徳島）

㊲香川県（高松）

㊳愛媛県（松山）

㊴高知県（高知）

㊵福岡県（福岡）

㊶佐賀県（佐賀）

㊷長崎県（長崎）

㊸熊本県（熊本）

㊹大分県（大分）

㊺宮崎県（宮崎）

㊻鹿児島県（鹿児島）

㊼沖縄県（那覇）

西村　創（にしむら　はじめ）

早稲田アカデミー、駿台、河合塾Wings等で指導歴約25年、国内外の指導生徒3,000人超。

大学入学と同時に塾講師を始め、新卒入社の早稲田アカデミーでは入社初年度に生徒授業満足度全講師中1位に輝く。その後、駿台シンガポール校講師を経て、当時初の20代校長として香港校校長を務め、過去最高の合格実績を出す。河合塾Wingsでは講師、エリアマネージャー、教室長、講師研修などを10年以上務める。

現在、日本最大級のプログラミングスクール、TECH CAMPを運営する株式会社divのビジネストレーニングオンラインプログラム、uncommon作成に参画。また、オンライン生活情報サイト「All About」の教育・受験ガイド、マイナビが運営する中学受験情報webメディア「中学受験ナビ」の記事監修、編集プロダクションの運営、全国の学校講演や書籍執筆など活動中。テレビ・新聞・雑誌などのメディア出演、掲載多数。著書に、『子どもを勉強好きにする20の方法』（WAVE出版）、『1分あれば中学生のやる気は引き出せる！』『超短編小説で学ぶ日本の歴史54字の物語史』（PHP研究所）、『高校入試 塾で教わる 小論文・作文の書き方』『改訂版　中学歴史が面白いほどわかる本』『中学社会の点数が面白いほどとれる一問一答』（KADOKAWA）等がある。【Twitter：@Nishimura84x】

かいていばん　ちゅうがくこうみん　おもしろ　　　　　　　　　ほん
改訂版　中学公民が面白いほどわかる本

2021年1月29日　初版発行

にしむら　はじめ
著者／西村　創

発行者／青柳　昌行

発行／株式会社KADOKAWA
〒102-8177　東京都千代田区富士見2-13-3
電話　0570-002-301（ナビダイヤル）

印刷所／株式会社加藤文明社印刷所

●お問い合わせ
https://www.kadokawa.co.jp/（「お問い合わせ」へお進みください）
※内容によっては、お答えできない場合があります。
※サポートは日本国内のみとさせていただきます。
※Japanese text only

定価はカバーに表示してあります。

©Hajime Nishimura 2021　Printed in Japan
ISBN 978-4-04-604776-2　C6037